A ZONZO CON MARA

di Libero Rossi

«Sta' attento: Vargas farà di te uno di quegli stupidi idealisti che sono la gente più dannosa che esista al mondo. Sono peggio delle canaglie: le canaglie si sa come pigliarle».
I consigli di Hank Quinlan (Orson Welles) al suo collega sulla via dell'onestà.

Proemio

Dopo essere riuscito ad arrivare alla pensione (che è un obiettivo oggi non facilmente raggiungibile dai più giovani) e a dirimere qualche problema che la mia vita di lavoro nel e per il sindacato non mi aveva concesso, preso com'ero dagli interessi della tutela dei dipendenti e dei beni culturali, in una prospettiva di adeguate modificazioni oggi mi posso dedicare agli affetti, mentre agli amori non mi resta che rivolgere sentimenti di nostalgia e pensieri di riconoscenza (piena). Gli affetti, appunto i figli che, sotto scacco di Cronos, chiedono vita e crescita in autonomia con qualche occhiata alla memoria identitaria e, a cascata, i nipoti, virgulti acerbi e carichi delle nostre speranze e sovraneggiati da un mondo sempre più insensato e crudele. Sono stato allevato in un periodo tragico, denso di avvenimenti, di sofferte speranze di ricostruzione, di entusiasmi, di fiducia nel futuro e di reali cambiamenti sociali, insomma di riscatto, e nel finale di disillusione per come il tutto è andato a infrociare, infine a sfaldarsi nel nonsense, nel grottesco. In questo contesto mi sembra di essere un privilegiato per aver potuto respirare e assaporare le illusioni di quegli uomini e di quel periodo, mentre per i nostri figli ha ripreso a fischiare il vento, e la bufera continua ad infuriare, le scarpe non sono più rotte e vestono di piumini, ma le loro forze sempre più sparute sembrano volgere verso la dissipazione e la primavera, agognata, evapora da liquida a gassosa. Mayday, mayday, Houston, we have a strong problem: *rivogliamo le quattro stagioni con perimetri netti e insieme uno scatto d'orgoglio dei figli spiantati contro i nostri lasciti di devastazioni, sofferenze e sfrenate tecnologie. Vogliamo volgere uno sguardo ai depredati e alla bellezza.*

Non riesco a capire come mai questa storia mi sia cascata davanti alle mie tornite e petecchiose gambe.

Due impiegati di biblioteche romane, amici di vecchia data, Angelo (che cazzo di nome, come fa uno a chiamarsi come il ministro degli Interni?) direttore amministrativo della Alessandrina e Lele, custode della Vittorio Emanuele II, mi avvertono della scomparsa della loro sorella, bibliotecaria.

Una sorta di morselliana *Dissipatio H.G.* o l' inquietante scomparsa di Miranda di *Picnic a Hanging Rock*, di Federico Caffè e Ettore Majorana? Chiedo, con una voce impastata di angoscia e ironia, ma come fa uno a scomparire senza lasciare traccia di sé? siamo come lumache, lasciamo bave dappertutto...e poi da cosa avrebbe dovuto fuggire?

Ma un po' di ordine non guasterebbe.

Indagine dei motivi a monte

Perché uno scompare: a) per un viaggio; b) per un rapimento; c) preda di una malattia mortale per evitare la selva delle analisi, degli analisti, dei chirurghi, le convalescenze "con lo stare" riguardato; d) colpito sulla strada di Damasco da una repentina conversione o magari ri-conversione allo jihadismo (*foreign fighters*); e) una fuga dal quotidiano, un *ante litteram* nirvana o meglio, molto meglio, una fuga d'amore. Mi intrigherebbe di più un punto f) cioè la fuga, come denuncia e risposta all'abbandono delle istituzioni culturali, al disagio di fronte al dilagante cafonal e per la dissolvenza dei valori fondanti della Resistenza. Sul tema, a questo punto angosciante, continuano a misurarsi le migliori menti rendendolo vieppiù popolare con tutte le connessioni, le implicazioni sociali, giudiziarie e umane. Ambiti ripeto, esplorati, che ci rendono (me e voi) più agevole proseguire nella narrazione.

Mentre mi arrovello su ognuna di queste possibilità, che poi non sono altro che avventure *in fieri*, la musichetta del cellulare mi annuncia che la chiamata è di Angelo. Cosa avrà trovato in merito alla dipartita, accidenti mi dico, forse è meglio che questo non lo dica, chissà come sarebbe accolta una ipotesi di morte della sorella. Sorella che ha anche un nome, Mara, sì proprio come *La ragazza di Bube*. La ragione del perché di quel nome la ignoro, ma mi piace pensare che fosse un richiamo alle aspirazioni fallite, deluse e alle consapevolezze dei nuovi tempi che attraversano il romanzo di Cassola, magari con il volto di una superba Claudia Cardinale. Mentre dico ciò, mi accorgo di essere ancora intriso di quel neorealismo che mi ha perseguitato durante la mia vita.

Ma è ora che risponda ad Angelo.

«...Olè buone nuove?».

Una risposta concitata: «all'aeroporto hanno la matrice di un biglietto comprato a nome Mara Barbetti il 25 gennaio di quest'anno per un volo Roma – Boa Vista con partenza il 10 luglio alle 6,15. Secondo questa notizia Mara, dovrebbe essere partita quindici giorni fa, ma allora perché ci sono segni della sua presenza fino al giorno 15 luglio in biblioteca e a casa, almeno così mi ha detto la sua vicina di pianerottolo? Oltre alla notizia che è sempre parte del mondo dei vivi, non raccapezzo altro che il niente. Come è possibile partire il 10 ed essere presente fino al 15?».

«Ehi, calma e gesso - come direbbero i giocatori del biliardo».

«Ma possibile che di queste ovvietà non puoi farne a meno?».

«Va be'. Intanto io non so neanche 'ndo sta' sta cazzo di Bona vita».

«Boa Vista, come il serpente, la sciarpa di donna o la boa di mare. E sta nelle isole di Capo Verde, in Africa».

«Bbono per lei che è andata finalmente pe' cavoli suoi. Il caso per me è chiuso».

«Non direi, troppe sono le domande senza riscontro e ti chiedo almeno di assecondarmi in questa ricerca di risposte di una qualche plausibilità».

Ma in fondo, che mi costa assecondare se non condividere le sue preoccupazioni? Mara è una persona gentile, seppur chiusa in un mondo poco comprensibile ai più. Ma vediamo meglio chi è Mara, una single di circa 40 anni, dai capelli castani con striature di colpi di sole che alla luce naturale brillano e, insieme a un colore tiepido sugli occhi, vivacizzano quel volto che altrimenti apparirebbe sonnacchioso, spento. L'altezza non saprei stabilirla, visto che nella rarità dei miei incontri l'ho vista seduta e intenta al computer, al telefono o concentrata sui suoi quaderni, una pila che quasi impedisce di delimitare il perimetro del prominente seno, infine un cilindro pieno di penne e matite alla rinfusa. Direi, osservando l'adesione delle scarpe al pavimento, che si elevi per 1,68m; la corporatura, se non esile, è piuttosto contenuta e avvolta da larghe gonne o jeans di quelli vissuti, cioè tagli e consunzioni sembrano allinearsi per bene a quelli della biblioteca. Penso che per il momento basti per Mara. È una bibliotecaria, o almeno è stato questo il movente per il nostro incontro. Fu una mattina, dopo aver chiesto all'ufficio informazioni a chi potevo rivolgermi per avere lumi su una fotografia che avevo trovato su *facebook*: l'autore era anonimo, ma non coloro che ne erano stati ritratti, nove persone delle

9

quali sette giovani (cinque maschi e due femmine) e un uomo e una donna più in là con gli anni che aprivano (o chiudevano) la scaletta che, partendo da sinistra, decresceva fino a chiudersi con una bimbetta col suo bel fiocco in evidenza sulla testa. Era la famiglia Mannaggialicani di San Vito Romano, che mi aveva attratto per quel cognome davvero strampalato che sembrava più un'imprecazione, un epiteto che una connotazione del casato. Probabile che il capostipite sia stato frutto di un'oblazione, cioè un esposto. Gusti e modelli della foto richiamano alla memoria la seconda metà degli anni '30.

Mi dicono che siamo in una biblioteca e che non c'è un settore dedicato alla fotografia né qualcuno in grado di fornire notizie sui soggetti. Comunque, aggiungono di rivolgermi alla dottoressa Barbetti per saperne di più. Sono contrariato per come vengano ignorati o sottovalutati gli aspetti legati alla contemporaneità, quasi un nascondere o forse un invito a cancellare la storia degli ultimi cento anni per le morti provocate, le stragi perpetrate o l'assenza di cambiamenti nel *modus operandi* di una classe politica cialtrona e criminogena. Non che quella precedente fosse costituita da mammolette, ma forse aveva un po' più di cultura, civismo e, soprattutto, pudore. Mi avvicino con un «buongiorno dottoressa», (chissà perché anche le bibliotecarie sono sottoposte al rito dei titoli) e, dopo averle fatto vedere la foto e chiesto indicazioni in merito alla genesi e ai fotografati, subito mi blocca dichiarandosi estranea ad un argomento così specifico e per di più della prima metà del Novecento. Forse avrei trovato maggiori lumi all'archivio di stato.

«Già, ribatto, l'archivio», ma non ho le pretese né la stoffa dello storico da rivendicare se non scoprire cosa celano quei volti riuniti per una foto in posa con i mezzi dell'istantanea, che è tutt'altra faccenda da un moderno *selfie* da pubblicare su *Fb* o mostrare agli amici i traguardi raggiunti e le imprese. La vedrei come un'occasione – unica di festa di una famiglia finalmente riunita in un ambito possibile, di natura e storia, che la foto appena svela: non solo le vestigie presenti, coperte per ragioni di illuminamento, ma per le guerre coloniali in corso. L'occasione, oltre che ghiotta, è unica e dominata da un senso di pulito:

11

c'è un ordine nella disposizione del gruppo, ripeto, dai più grandi/anziani ai più piccoli/giovani e tutti sono rigorosamente con il vestito della festa quasi a sottolineare un'unità che da lì a poco sicuramente si sarebbe sfaldata con l'arrivo delle spose, dei mariti, dei figli e/o le incombenti tragedie delle guerre, dei conflitti sociali che sfoceranno nella grande rivoluzione, insomma nella morte. L'abbigliamento dei maschi adulti non cela l'aria di gente votata alla terra, dei cafoni e le mani sembrano un tutt'uno con la zappa.

Certo, seguirne le vicissitudini potrebbe essere di un certo interesse, almeno per questa famiglia, ma non credo che troveremmo notizie molto dissimili da quelle di altre famiglie o dal narrato nei film e nei documenti grafici.

Mentre rifletto sul senso del ritratto e del mio coinvolgimento e conseguentemente sulla ragione di approfondire o di scriverne, resto colpito dal quarto uomo che, per le esigenze sceniche, è più inclinato rispetto agli altri e il braccio sinistro volge all'indietro, quasi a muovere la scena che ha nella "statuarità" la sua "poetica". Ma qui è il numero dei presenti che rende arzigogolata la foto, dandole al tempo stesso un senso di affratellamento con i rispettivi bracci destri dietro, non visibili, mentre lo sono le mani, appoggiate sulla spalla di chi precede. Solo la madre mostra la mano destra, mentre con la sinistra cinge il suo uomo. Il primo figlio non cinge nessuno, in quanto alla sua destra c'è il padre e in una famiglia rigidamente patriarcale non sono riscontrabili gesti camerateschi.

Sembra una tipica famiglia italiana con molti figli, quindi braccia per i lavori e in grado di sopperire alla sussistenza e all'economia, perciò "grazia di Dio". Ho detto che le mani denotano un legame "ferreo" alla terra e al bracciantato agricolo, magari con l'aggiunta di un proprio piccolo podere cui dedicare il tempo libero o i week end con le fidanzate. Potremmo dire perciò che è militarizzata, nel senso che ognuno dei figli conosce le gerarchie e i propri territori di caccia, dove le uniche novità sono quelle legate agli spaesamenti del vino nella morra, nella passatella, o la briscoletta serale all'osteria, o le ritualità legate alla scelta della morosa/futura moglie, altrimenti la guerra. Il lavoro, il cattivo raccolto, le avversità della natura e la penuria costituiscono la normalità della vita del contadino e perciò *rien à signaler*, al massimo sono argomenti, motivazioni da usare per far fronte alle diverse incombenze della quotidianità o nella richiesta di prestiti, apertura di crediti e di resistenza ai pignoramenti. Situazioni conosciute e presenti nella letteratura e nel nostro vissuto, mentre le altre microscopiche storie, con il loro gusto tipico della novità, potrebbero essere più coinvolgenti.

Mentre la mia mente sciorina le considerazioni cercando un ordine per esse non scontato, sento la voce di Mara che mi riporta al presente con un «cosa cerca veramente?». Provo a dire, intercalando con tanti mah, forse, infine con una richiesta diretta: «ma lei conosce o ha conosciuto questa famiglia?».

«Certo sono i Mannaggialicani, *nomen omen*, una sorta di presagio se rivolto al loro rapporto con i canidi che vennero identificati come portatori della tigna alla loro Matelda, ne fu guarita, ma da allora non entrò più nessun cane nella famiglia; diversamente andò per il gatto Tombolino, che qualche problema creò alla bella Enrica quando fu colpita in gravidanza dalla toxoplasmosi. Comunque per loro è rimasto Mannaggialicani» e li gatti, aggiungo io. «È stata una famiglia importante per il paese, odiata quanto basta, ma pure rispettata e temuta. I motivi oltre all'avversione per la loro militanza nel PCI, non sono in grado di ricostruirli, comunque non credo che siano da ascrivere al patriarca della foto, anche se aveva il suo caratterino, quanto al padre di lui e ai suoi fratelli che ebbero vite poco normali. Poche notizie posseggo, sono piuttosto dei camei, come di un fratello emigrato in America che si guadagnava la vita in biciletta pubblicizzando i copertoni; due altri single, rimasti al paese, condividevano vita e casa, e morirono l' uno impiccandosi, l'altra subito dopo per il dolore; un altro fratello volontario in Africa, fu dichiarato disperso; l'ultimo morì durante l'epidemia di spagnola, occasione questa nella quale la famiglia perse anche un cittino. Naturalmente della famiglia ritratta non conosco vicissitudini e percorsi né le situazioni nell'attualità. Sicuramente saranno tutti trapassati, magari fra i nipoti si

15

potrebbe reperire qualche notizia, ma poi dipende da cosa ci vuole fare: perché vuole scavare nel passato di questa gente che ha chiuso le sue battaglie, o meglio le sue sofferenze, e il suo tempo?». «Ma perché all'inizio pensavo che potessero rappresentare un lato meno cretino dell'italiano corrente, quello del tutto fa schifo dalla politica allo sport, al sesso e del "so'tutti uguali"».

«Mah», sussurra lei.

«Boh», aggiungo io. «Non vorrei apparire il solito fulminato che di fronte al dilagante qualunquismo o al lasciar fare, oggi (dopo la caduta di "tutti gli ideali" seguita alla demolizione del muro di Berlino) indica la nuova via, quanto invece provare a ricercare le ragioni delle recenti macerie».

«Ma terremoti, tsunami, fattuali, reali, o provocati dalle crisi (finanza, energia, globalizzazione, guerre, fame), dall'emigrazione e dall'incapacità della politica di fornire risposte credibili e percorribili, sono le nuove dimensioni con cui il paese e la sua gente si dovrà sempre più misurare. E non parlo solo dei morti, dei costi della ricostruzione o dei capolinea raggiunti dalle ideologie nonostante (l'apparente) trionfo dei fondamentalismi, quanto del prevalere di una politica sempre più biologica, "de panza" e perciò fondata sul rapporto di forze, sugli opportunismi, scambi di favore e soldi. Della triade Dio Patria e Famiglia solo quest'ultima rimane in piedi e sempre più nella versione "famigghia". Comunque ti voglio seguire, dando per acquisito che ormai i partiti sono associazioni nominalistiche e nei casi peggiori "associazioni a delinquere" per distribuire tangenti o arricchirsi attraverso leggi *ad hoc*. Insomma siamo lontani anche dallo stesso Machiavelli, che al potere indicava mezzi per perfezionarsi, mentre questi non offrono che oscenità. A fronte di ciò, capisco che tu possa essere interessato a ritrovare "il come eravamo" giovani, magari pure belli (col poveri siamo in piena Lollobrigida), la *rivolluzzione*, il socialismo, l'egualitarismo, ma poi siamo sicuri che le questioni realmente girassero nelle teste secondo quelle modalità? Ovvero, quanto di quelle immagini presenti e rappresentate dalla letteratura, pellicole, tele trovavano riflessi nella

17

realtà fattuale? Non ti sembra di trovare la stessa doppiezza del fu PCI che da sempre si ascrive a Togliatti? All'esterno un'immagine integra nella sua rigidezza, fatta di documenti e organismi che deliberano sull'universo mondo e financo sulla cultura e sull'arte, mentre all'interno si razzola diversamente. Atteggiamento ancora oggi rivendicato dopo l'imbriacatura da *streaming* per coprire le divisioni o corruttele, al solito buttando il bimbo e l'acqua sporca. Mentre sarebbe necessaria sempre più trasparenza e aria fresca per recuperare quel minimo di credibilità alla politica e ai suoi contenuti...alti».

«Accidenti, non ero venuto per sollecitare l'universo mondo o per essere redarguito quanto cercare di soddisfare la curiosità stimolata da una fotografia di mille anni fa di uomini e donne che ho veduto felici...o no? Null'altro, soprattutto non volevo imbracarmi sulle vette della storia dell'Italia degli ultimi cento anni o sulle nefandezze dei Napolitano, Berlusconi e Renzi, sull'esanime paese.

«Calma e gesso (pure lei!), allora possiamo procedere con le poche notizie in mio possesso, che poi non sono altro che brogliacci di un quaderno scritti da un figlio-nipote che ripercorre alcune situazioni conosciute *de visu*, narrate o magari inventate con il solo scopo di costituire, insieme ad altre, un archivio. Compito non portato a compimento per la prematura fuga dell'autore nei Caraibi. Ha lasciato il tutto alla biblioteca, dicendo che queste erano le carte della famiglia Mannaggialicani di San Vito Romano, una "sorta di *Buddenbrook* privata dei fasti e del benessere degli originali", il che mi sembrò una colossale panzana e poi, con la scusa della macchina in doppia fila in Via Caetani, magari sotto il cippo di Aldo Moro, è filato via scapicollando per le scale. Credo che abbia fatto bene, perché quei quaderni glieli avrei restituiti in quanto non è della biblioteca la conservazione di tutto e, trattandosi di storie e memorie familiari, potevano andare all'archivio del comune e non della Biblioteca di storia moderna e contemporanea di Roma. E per come me li ha lasciati te li affido in lettura, in sede però. Gli ho dato una scorsa e direi che dentro ci sono spunti per più sceneggiature, avendo penne adatte. Prendili e leggili, dopo, se vuoi, ne potremo parlare».

La scheda

Il quaderno è assimilabile all'in-4° composto di 60 fogli di carta a quadretti, vergati a matita morbida e con righe evidenziate in verde brillante ma spento. È legato con una copertina nera di carta e punti metallici, con incollato un cartellino bianco privo del titolo e dell'autore. Fra le pagine c'è la foto, originale, della famiglia e qualche macchia rossastra direi di origine vinosa più che da microrganismi. La numerazione è a carte; i numeri, posticci, presentano dei salti nell'ordine, ma la sequenza dei bifolii nel fascicolo è corrente. S.d. [2015].

Testo:

c.1*recto*

Credo di poter ascrivere questa mia fatica ad un bisogno di nuova chiarezza dopo la precipitosa dismissione del '900 con le sue ideologie, le sue politiche e arti. La ristrettezza intellettuale di qualcuno ha identificato l'operazione con il termine della rottamazione, quasi si trattasse di una macchina da affidare allo sfascio, per poi trarne qualche pezzo per sostenere e legittimare quello che, nel gergo degli *chauffers* viene venduto come "usato sicuro", che poi sarebbero loro e la politica coniugata come poltrona. C'è stata la consunzione degli assunti, dei predicati fino alle sintassi o, se (non) vogliamo intendere, di una buona parte della storia del secolo, quella che ha schiacciato le persone, i singoli, facendoci perdere umanità, solidarietà e appartenenza. Il risultato è stato l'essere sempre più soli mentre sono crollate le pietre miliari social-comuniste costruite nel '900 e racchiuse nel sistema dei diritti o *welfare state*, a cui si è unita, da qualche lustro, l'impossibile rivoluzione sociale insieme a quella di operare dei cambiamenti in questo mondo di reietti alla deriva. È un assunto decisamente pessimistico che spinge fatalmente alla nostalgia, alla *rêverie*, al *vintage* o alla giovinezza che è sempre primavera di bellezza...o di schifezza, e che per me sta assumendo i contorni dell'ossessione in quest'ultimo scorcio di vita; vuoi per quel motivetto per cui si devono

21

"fare i conti col passato", almeno per capire chi siamo, dove veniamo e dove andiamo, ricordate il togliattiano "veniamo da lontano e andiamo lontano"? ma poi lui si è fermato a Yalta, proprio come il vecchio mondo bipolare; vuoi perché per sottrarlo (quel mondo) alla fossilizzazione, in questa direzione lo scavo diventa lo strumento che mi permette di costruire (vorrei dire suonare) uomini, donne e ambienti immersi nella fatica di vivere. Un compito impegnativo soprattutto per la rarefazione dei protagonisti e la frammentazione dei ricordi ma, trattandosi di un racconto multianime, lo ritengo confacente a battere più di una strada cambiando prospettiva e narrazione, insomma un ibrido di racconto, biografia e ricordi ripensati.

Mi sembra che raccontare faccende personali, magari nella dimensione della famiglia con gli inevitabili *gnè gnè* anche dolorosi, possa apparire stucchevole o ripetitivo, e tuttavia utile a mettere in luce i nuovi tasselli nel puzzle dei soggetti scomparsi: in questo caso appartenenti ad una famiglia importante e con forti legami con il vecchio PCI, terribilmente sola, che si è trovata ad affrontare i principali momenti del secolo trascorso con le proprie risorse.

Inizierei con la scelta della chiave narrativa alla cui ricerca ho dedicato qualche tempo, perché tutte mi sembravano inadeguate a catalogare le faccende domestiche, fino a che mi è venuto incontro Paolo Conte con la sua *Hesitation*. Una situazione di un "palombaro nell'ombra", insomma un guardone che si bea di due amanti timidi e che corrisponde al mio modo di essere, appunto l'esitazione come chiave, risorsa, strumento per seguire i soggetti e ridar loro visibilità e appartenenza.

«*Io li sentivo parlare
dietro la porta del pomeriggio
chiusa a chiave
naturalmente dalla mia parte,
si capiva molto poco, quasi niente,
ma qualcosa si intuiva,
si indovinava una specie di salto
nei loro pensieri...*». (P.Conte, *Hesitation*)

I conti sono in rosso, fisso

In questi anni ne abbiamo dovute vedere molte quasi fossimo diventati il replicante Roy Batty nel film *Blade Runner* «*Io ne ho viste cose che voi umani non potreste immaginarvi: navi da combattimento in fiamme al largo dei bastioni di Orione, e ho visto i raggi ß balenare nel buio vicino alle porte di Tannhäuser. E tutti quei momenti andranno perduti nel tempo, come lacrime nella pioggia. È tempo di morire*». Cambiando alcuni termini e contesto, potremmo immedesimarci benissimo con Roy. Replicanti o recitanti che in questi settanta anni hanno visto cadere una alla volta le foglie che avvolgevano il cuore dell'Italia democratica e repubblicana venuta fuori dalle macerie della guerra o meglio delle tre guerre, grazie alla Resistenza al nazifascismo e, a seguire, con la benedizione degli USA. Credo che dopo le doppiezze togliattiane, le servitù atlantiche, i ritardi di una cultura di sinistra incapace di comprendere le giravolte ed evoluzioni del capitalismo, la sua mondializzazione e il conseguenziale depauperamento di ceti, popolazioni e continenti con i conseguenti fenomeni migratori in corso, l'incomprensione del disegno europeo ecc. abbiano sancito la fine del PCI; il fallimento del sistema Paese, visto da un'angolazione di sinistra, assume davvero aspetti drammatici e tragici. Siamo giunti con gli ultimi governi a toccare il fondo di un barile che non produce altro che immagini claustrofobiche. Alle speranze riaccese dal '68 saccente e parolaio finite subito dopo nelle tragedie dell'incultura, del solipsismo, del culto delle armi o della droga, è venuta a mancare una reazione almeno dello stesso peso in modo da contrastarne gli esiti nefasti. La reazione finale suscitata dall'assassinio di Guido Rossa è stata utile ma tardiva, e soprattutto non è stata accompagnata da una riflessione su quanto stava accadendo nel paese e da atti volti a capovolgere il distacco sempre più profondo fra politici/partiti, istituzioni e popolo/cittadini. Anzi sempre di più le istituzioni, i partiti hanno sguazzato in questo terreno, offrendo della politica l'aspetto del *do ut des*, dello scambio di favori, del trasformismo, delle corruttele, insieme a immagini di uomini ridicoli....e corrotti.

c.3r
Il campo di concentramento

L'immaginario collettivo legato ai campi di concentramento ci riporta alla Shoah e alla più grande tragedia del '900, cui inesorabilmente viene ad unirsi quella dei gulag staliniani, di Pinochet o Pol Pot. Una vasta documentazione sull'eugenetica nazista contro gli ebrei o sulla seconda Guerra mondiale è oggi disponibile, ma ancora scarsa è la riflessione sulla banalità del male e sul "potere assoluto", le cui ombre minacciose stanno vieppiù addentando le "moderne" democrazie, quelle per intenderci liberali, nate dal grande pensiero Otto-Novecentesco. In genere si fa riferimento al *grande fratello* che tutto vede e domina (finanza e internet) o alla *fattoria degli animali*, come fase terminale della politica intesa come amministrazione della *res pubblica*.

«— *O tu che fai costì?*

E quelli disse:

— *Stommi, come tu vedi.*

E quelli disse:

— *Così non ti stessi tu, che tu ne seresti forsi di meglio cinquecento fiorini».*

Ma un altro campo ho in mente, quello allestito dagli austriaci nella prima Guerra mondiale che non fu meglio, *mutatis mutandis*, della seconda. O forse sì per il ridotto numero dei morti fra militari e civili, un uso limitato dei gas, generalizzazione delle sigarette e grappe, ma non certo per le idiozie criminogene degli stati maggiori.

L'intercalare toscano, la sua ridicolaggine in bocca a un *burino de Roma*, appreso nelle patrie trincee e conservato dopo la tragedia consumata a Caporetto, viene riproposto nel campo di lavoro austriaco che seguirà la disfatta. Fu appunto in quelle lunghe giornate di corvée, passate a pelare patate per la truppa con dei secondini al seguito, che il "romano" analfabeta ma "poliglotta" apprese non solo a mangiare le bucce delle patate (un antesignano della dieta mediterranea?), ma anche a fare la sua firma. Una lezione che tornerà utile anni dopo durante l'ostensione del corpo di Togliatti ("il migliore"?) al *Bottegone*, quando

27

decise di lasciare la sua testimonianza sul libro d'onore. Scoprii solo allora che l'analfabeta dichiarato era in possesso della chiave della sua identità, che svelò appunto in quella occasione con somma goduria di coloro che lo seguivano nella sterminata fila: uno scrittore insomma a cui può valere il varriniano «*A tristo Scrittore ogni pelo impedisce*», che per di più volle ripetere lo stesso rito anche il giorno successivo, fila e autografo con sbuffi di impazienti firmaioli. Ma per i rigoristi aggiungerò che il giorno del funerale, il 24 agosto del 1964 di buon mattino, alle cinque, col suo toscanello in bocca, percorse le vie, sempre "*chiane chiane*", che lo condussero prima alle Botteghe Oscure quindi a San Giovanni, luogo della consacrazione del capo. Un aspetto, quello della firma, da ricordare con il segno positivo: quello che non era riuscito a fare lo stato, lo aveva fatto un secondino austriaco, anche se è possibile un'altra lettura, ossia che lo stato fosse entrato in guerra affinché i suoi sudditi '*mparassero*! E in effetti il vecchio ortolano apprese le lingue, la bellezza della prigionia, a fare la firma e alla fine fu anche cavaliere di

Vittorio Veneto. Mica cazzi! Infatti lui ne andava fiero di quel cavalierato seppur senza cavallo e finimenti e spesso me ne dava conto con dei flash sulla disfatta e sul tradimento subito dalla truppa. Era Rocco [*zìRo'(cco)* per i paesani], il nonno materno, un contraltare a quello paterno.

c.5r

Alla fonte

I due sono ormai fidanzati, l'uomo ha chiesto al padre la figlia, il padre è un po' recalcitrante, sia per la troppa differenza di età fra i due che per il reddito. La moglie è di tutt'altro avviso, «...è un bel giovane e grande lavoratore». Talché la figlia è promessa, e quest'ultima? non è dato sapere, è troppo giovane e non condivide la scelta genitoriale; ma come da copione andrà in sposa. Ed è la notizia che comunicherà alle compagne di giochi nelle giornate successive e quando il lavoro dei campi lo permetterà. Si gioca perlopiù a campana, disegnata sui sampietrini della piazza del monumento ai caduti di Pisoniano, e a nascondino fra gli orti prospicienti la Mola, figurarsi se nel gioco poteva rientrarvi il

29

matrimonio. Tuttavia a consenso dato non si può resistere e tanto vale cercarne il lato positivo. I due risiedono in due piccoli paesi limitrofi. Il periodo del corteggiamento è breve e poco è il tempo che vi si può dedicare, c'è la guerra e il lavoro. Le brevi licenze di soldato trascorrono fra genitori, fratelli, amici, racconti, bevute o sbronze e più di un pensiero alle messi. La fidanzata è fin da subito in attesa, dapprima del promesso sposo poi dei figli - accidenti fino a cinque, ahinoi, non magnifici -; nel bel mezzo dell'attesa, si consuma l'episodio memorabile del fidanzato che, rientrando dalla licenza, scende dalla corriera e invece di andare ad abbracciare la sua giovane promessa attorniata dalle amiche, va a pisciare sul ciglio della strada. È leggermente ciucco, mentre lei si volta e piange. La minzione di lui non ha nulla di interessante, ripone l'arnese, chiude la patta e va verso di lei (senza aver deterso le mani coatte), non capisce il perché del pianto, l'abbraccia profumandola di vino e risale sulla corriera. Un impatto disgraziato, figlio dei tempi e della guerra, che fa il paio con la cavolata secondo la quale in amore e in guerra tutto è permesso.

Non sarà l'unico episodio di questa sconsiderata unione che, ciò nonostante, sarà costretta a continuare perché l'uomo è uomo, le famiglie sono tutte così...e la donna, non possedendo redditi né arti, non aveva la possibilità di divorziare. Ma torniamo alla fonte del titolo, dove i protagonisti sono sempre i nostri due beniamini ormai fidanzati da qualche mese e prossimi alle nozze se non altro perché, nel caso di morte del giovane marito, al reddito ci avrebbe pensato lo stato, guerrafondaio. Due momenti topici segnano il prematrimonio, ossia una licenza durante la quale l'uomo, salutati i genitori di lei, propone alla donna una passeggiata pomeridiana verso il bosco per andare a bere alla fonte, che "l'acqua è assai fresca" ma, appena giunti e bevuti, lui l'abbraccia e tenta un approccio sessuale. Lei si divincola e dichiara la sua disponibilità solo dopo essere stata impalmata. Così oggi non posso scrivere che "galeotta fu la fonte e chi la scavò". L'altro momento topico fu il matrimonio. Quella giornata di luglio 1942, tanto attesa, che segnava il distacco dalla famiglia di origine per formarne un'altra, nuova e piena di speranze, propositi e infine virgulti, volgeva serena, volgeva al bello. La cerimonia si compie a San Vito nella chiesa di Santa Maria de Arce vicino al municipio. Un discreto gruppo di amici e, soprattutto, di donne attendono con ovvia curiosità la sposa forestiera, "piscianella", che contende il bello e bravo giovane... il figlio di Zac*cheria*, ma c'è anche una sommessa voglia di incontrarsi, di stare insieme senza paura. Si sa che il presente è tempo di afflizione: la guerra sta tracimando e continua a sconquassare famiglie e affetti, vicino alla sposa c'è Maria che non ha fatto in tempo a festeggiare il proprio matrimonio per apprendere subito dopo che il marito è morto nella campagna di Russia e insieme di essere incinta; la povertà sembra pervadere la scena degli abiti indossati, lisi ma puliti e ben stirati così da essere presentabili all'evento. Dalla parte alta del Borgo Theodoli è tutto uno scampanellìo e un berciare *isi, isi* (*easy*) fino allo *uuooa* (*whooa*) finale come in pieno Far West davanti alla chiesa. Un carretto a due ruote e due stanghe, alla cui guida ci sono il mulo e Peppe a cassetta, con tre persone sedute su cuscini di tela imbottiti di pula (l'altro figlio giungerà in bicicletta). E' il carretto da lavoro, appositamente modificato, con pettorali, paraocchi, collari, borchie e tre campanellini che sembrano renderlo un calesse per signori. Al chiacchiericcio e al reciproco salutarsi viene a sostituirsi un forzato silenzio all'apparire della sposa, con il suo tailleurino rosa. *Tata* scende per primo, seppur con qualche difficoltà, così da aiutare la figlia a cui bacia la mano, poi è la volta di *Mate*, afferrata per le braccia, che una volta a terra aiuta la figlia a ricomporsi. Nena e *Tata* guadagnano la chiesa, sulla porta lei sorride e saluta Maria e Elia per poi incontrare Pippo. *Tata* quasi con un gesto di trasporto gliela affida e lui la prende per condurla all'altare. La cerimonia ha avuto momenti involontariamente comici, frutto sia della goffaggine di Peppe con il suo ciuffo impomatato e la sua cravatta stonata, sia dei promessi nel mettersi quella parvenza di anelli e nella ripetizione delle formule del rito. Un bacio, una foto e subito dopo a casa di Babbo a mangiare quanto preparato dalle donne della casa e in qualche modo apparecchiato anche grazie alla solidarietà dei vicini per tavolini, sedie, posate...e fuochi. Sono 30 persone distribuite fra cucina, corridoio e stanza da letto. La logistica non permette la visibilità degli sposi e, soprattutto, la libertà di movimento, malgrado ciò l'allegria non è venuta meno...sarà merito del dio Bacco? O del meraviglioso Peppe, che accompagnato da una voce tenorile ha impressionato e deliziato tutti con le sue stornellate (ricordo ancora la mia commozione a «*Tutte le notti in sogno me venite/diteme bella mia perché lo fate/diteme bella mia perché lo fate/e chi ce viè da voi quanno dormite?/ Vola vola l'aritornello/core mio bello nun me scordà .../ Pe' volè bene a voi ce n'ho passate/ de pene e patimenti e lo sapete/de pene e patimenti e lo sapete/ e adesso bella mia così me fate/ Vola vola l'aritornello...*»). All'imbrunire Nena piangente saluta i genitori, mentre Peppe, più che alticcio, prepara il carretto e bacia il mulo, poi aiuta la mamma e Tata a salire, quindi porge al cognato la cesta (fatta di strisce di canna con i due manici di salice) contenente il corredo/dote della Nena: lenzuola, federe, asciugamani...insomma "dodici di tutto" e alcune pentole di rame. Finalmente gli sposi si impossessano dell'appartamentino preso in affitto, sistemano la dote poi subito a letto per consumare lo "stretto necessario", e infine alzarsi alle tre della notte per andare in campagna...a lavorare. Un viaggio di nozze protrattosi la bellezza di un'ora e mezzo di cammino, di notte, su un percorso misto strada provinciale e mulattiera, per poi curvarsi a raccogliere, rinfrescare e diserbare. Una goduria per la feria matrimoniale.

Le licenze normali e premiali erano frequenti e ciò nonostante la neo sposa non rimaneva incinta; lo stallone era d'un tratto diventato pony? Gli astanti cominciavano ad interrogarsi sui perché e sull'infertilità naturalmente della donna non femmina, finché lei stessa, nella sua ingenuità amatoria, si rese conto di come il marito, guerriero (suo malgrado), evitasse di renderla pregna temendo di essere cornificato nelle sue prolungate assenze. Figurarsi la gioia di questa asserzione.

Licenze premiali

Trascorsero gli anni e la vita del nostro militare (non trapassato milite) non ebbe termine, ma permase africana fino al giorno dell'entrata in guerra, giugno 1940, a fianco dei nazisti quando, incolpevole vittima del rimescolamento delle truppe ad opera di dementi e sprovveduti propugnatori e conduttori, fu richiamato su altri fronti. Sono gli anni delle giravolte di Mascellone, "el conducator de' noantri" alla ricerca di un ruolo e di successi che arridono invece all'alleato tedesco. In Africa con gli inglesi, in Grecia con i greci, la disastrosa campagna di Russia, quindi le atrocità perpetrate in Slovenia, sono solo alcuni capisaldi della tragedia italiota. Una via crucis che, con lui, percorreranno tutti i nati dal 1913 al 1927, solo che gli ultimi, appena toccheranno l'Africa, saranno resi prigionieri dagli inglesi. Non è stato così per quelli più anziani che, coscritti subirono l'Abissinia e la Libia e si ritrovarono negli scenari delle guerre per 9, 10,..13 anni della loro vita, naturalmente coloro che grazie al "caso", erano riusciti ad evitare la morte. Lui di anni al suo rientro in Italia (dopo l'armistizio) ad opera dei partigiani titini, ne aveva 10, pronto per rientrare nel ricostituito esercito reale, per aderire alla repubblica di Salò o darsi alla macchia. Scelse a suo modo il riscatto, partecipando alla resistenza della Tiburtina-Valeria quale componente della *Banda di San Vito*.

Si tratta di una storia certamente singolare, ma non da tenere con il fiato mozzato: un motivo, che poi era in premessa, sul perché delle licenze "routinarie" e premiali del nostro militare. Siamo lontani dalle amicizie o dalle raccomandazioni del fascista di turno, in quanto la provenienza familiare le escludeva, essendo composta da comunisti della prima ora: il capofamiglia infatti era stato tra i partecipanti a Livorno alla fondazione del PC d'Italia e prima ancora di "fede anarchica", emigrato negli Stati Uniti prima della Guerra mondiale; con il primogenito Pippo, ritorna in Italia per sfuggire al clima di tensioni e persecuzioni nei confronti degli italiani, clima che diventerà palpabile con l'arresto per omicidio di Michele Sacco e Bartolomeo Vanzetti, culminato con la loro condanna a morte. Subito dopo interventista nella Guerra ed è proprio durante la sua assenza che nasce il secondogenito Giovanbattista, nome prescelto con un successivo ripensamento per Tolmino - luogo di scontro con gli austriaci e fatale per l'esercito italiano -, che arrivò solo a registrazione avvenuta del nuovo nato. Ciò nonostante per tutti fu Tolmino. La fine della Guerra lo vede predicatore dell'avvento di un nuovo ordine per il proletariato nei borghi della provincia romana fino a che i fascisti del paese gli imposero diverse sorsate di olio di ricino...Era il 1924. Si consolida la svolta autoritaria con le elezioni prima e poi con il delitto Matteotti, e per mantenere questa famiglia che cresce si dedicherà al lavoro dei campi nella condizione di bracciante e come coltivatore diretto nei settori del vino e dell'olio. Insomma un contesto che non agevola trattamenti di favore a Pippo o agli altri fratelli, per cui dovremo rivolgere la nostra attenzione più sui fatti di guerra, "eroici" e perciò premiali con medaglie e croci di guerra da appuntare rigorosamente sulla giacca della divisa fino a far piegare in avanti le spalle come si conviene ai generaloni (ricordo le buffe cariatidi che assistevano alle sfilate o alle parate militari nel Kremlino sovietico, che dovevano sostenersi per far fronte a quelle kilate di medaglie). La medaglia in genere è legata a un'azione vittoriosa in uno scontro con il nemico. Ora osservando la condotta criminale nella seconda Guerra mondiale da parte dei vari generali, credo che di medaglie non ne avrebbero dovute affatto ricevere, così come essere privati delle laute pensioni. Le azioni erano tutte contraddistinte dalla protervia con cui si restava a combattere il nemico, Pippo era un provetto "mitraglista". L'azione che in qualche modo mi è pervenuta riguarda la conquista del Montenegro nel 1941 e gli eccidi perpetrati dagli italiani che l'accompagnarono, mentre la reazione partigiana fu insistita. Nelle notti la guerra di trincea assumeva aspetti spettrali e ad ogni rumore un soprassalto, magari seguito da qualche *clic* (della sicura) e *crank* (carica, colpo in canna). Lui quatto quatto si lascia scivolare fuori dal campo e subito striscia verso l'accampamento partigiano. Nessuna azione, bensì un atto di cameratismo e una bevuta di slivovica e di grappa quasi a ribadire la distanza con l'odio e il sangue di quelle giornate insensate. Sono diverse le notti di quiete accompagnate da scambi di battute o di miseri prodotti in situazioni di guerra (il pensiero corre subito a Verdun 1916), qualcuno documentato in scritti e film ma punito dai comandanti...quando presenti. Nulla di speciale quindi, ma quando rientra nell'italico campo nota che la brigata partigiana li ha circondati. Egli abbraccia la sua mitragliatrice e *rattatatatatta* verso gli amici, ora nemici, di bevute. Questo crepitare darà modo ai compagni di armarsi, rompere l'accerchiamento e indietreggiare. Un uomo contro una brigata che salva una compagnia e, come in un film americano, trionfa con baci e abbracci di tutti -"*Eine solide Arbeit*"-, federale compreso. Anzi quest'ultimo lo proporrà per la medaglia d'oro (esagerato! già, ma gli aveva salvato la pelle), ma il Rambo *antelitteram* preferisce una lunga licenza dai suoi per sposare la ragazza prescelta.

Mi sono sempre chiesto se l'essere nato a Chicago gli avesse dato l'*imprinting* "ammerricano". Comunque sia, il federale da lui salvato, nell'Italia antifascista avrà un ruolo rimarchevole, che tornerà utile al guerriero, ormai ex combattente, allorché sarà licenziato dal corpo dei vigili notturni dell'Urbe, perché comunista, quando cercherà di essere riassunto per via stragiudiziale e favorirà l'ingresso del sottoscritto nel riformatorio del San Michele a Tor Marancia che è istituzione ben diversa da Yale. Di gesti simili, ma non così eclatanti, ce ne sono stati altri, soprattutto durante la Resistenza romana. Io ne ho sempre sentito l'ingombro non tanto perché ne parlava, anzi su quelle vicende ed altre non ha mai profferito parola, semmai le (poche) notizie sono frutto di testimoni diretti o oculari tipo la moglie. Piuttosto lo sentivo come il peso di una statua...«tu pensi a divertirti, mentre tuo padre salvava l'Italia!» *et similia*, io me la svignavo con un diplomatico "e'sticazzi", se non con l'altra: era meglio che l'Italia, questa Italia, fosse annegata, usurpata. Che poi è la condizione verificatasi nel periodo che seguì la guerra. La questione del peso della tradizione, della cultura, della storia perseguiterà genti e paesi che non hanno saputo comprendere ed esaltare le proprie fondamenta,

41

vederne pure le criticità ma in una prospettiva di crescita che non fosse quella meramente turistico-alberghiera mentre le vivono appunto come un impedimento al cosiddetto sviluppo (il riferimento è al governo degli affari e del superfluo). Come per l'Italia, un pensiero va alla Grecia e al suo vasto patrimonio, che giace immoto. Il peso, già, quante volte ho pensato che forse il fulminante slogan del post '68 "La storia ci schiaccia" fosse stato creato dai politici, mentre per me rappresentava un tentativo un po' goffo per scrollarmi di dosso tutta la prosopopea, come la retorica sugli uomini nuovi che h24 riflettono e operano per il bene e il riscatto dei derelitti. Ma se permettete, vorrei ritornare al punto. La licenza premio per sposarsi, invece della medaglia, mi è sembrata sempre comica, umana e forse poco intelligente, nel senso che una medaglia poteva essere successivamente spesa per qualche beneficio economico...non paragonabile a quello olimpionico! Il gesto l'ho sempre visto come DADA o il famoso "una risata vi seppellirà": il comandante ti offre un encomio e tu gli dici no, grazie, preferisco andare a casa con tutto ciò che rappresenta in termini di affetti e di abbandono dei quotidiani drammi e crimini perpetrati dai soldati italiani durante l'occupazione del Montenegro (ma in Grecia non andò diversamente).

c.12r
Storie di ordinaria pietas

In guerra si sa che ci si va perché coscritti o allorché la patria sia minacciata o sottoposta ad invasione da parte di altro stato o di fazioni interne. Così seguitano a recitare i dizionari e poi, a seconda delle motivazioni e dei mezzi usati, si attribuiscono le qualità di guerra di liberazione, indipendenza, aerea, terrestre, navale, chimica, fisica/atomica, biologica, economica, coloniale, imperialista, eugenetica, fredda e calda...e a *pois*? Ma i dizionari non possono far da norma, nel senso che poi i governanti fanno e disfano come gli pare la materia affermando nei fatti la guerra "come igiene del mondo", solo che la parte da ripulire è sempre quella che minaccia lo stato o il tenore di vita dei suoi cittadini. È la stessa storia di questi nostri tempi bui, dove all'attacco terroristico si risponde col grido di *WAR*!! E tutti ridicolmente si coprono di caschi e tute mimetiche gridando *war war war*. Insomma la guerra per gioco o come risposta all'infingardaggine e alle idiozie dei governanti dove *blood, blood* eccita gli animi e rigenera le sconnessioni.

La guerra alla quale ci riferiamo è appunto quella coloniale (*alias* la "Quarta Sponda") iniziata nell'800, continuata e conclusasi con la fine della dittatura fascista; siamo in Africa, bellezza mia, e cantiamo *Faccetta nera*. Ma di ben altre schiavitù e tragedie siamo portatori in Libia e in Abissinia. Sono anni di formazione e di battaglie sanguinarie all'arma bianca e da fuoco con l'aggiunta, per via aerea, dell'iprite.

Fu un periodo nefasto per quell'Italia proletaria che aspirava al lavoro, al benessere fino alla ricchezza (*sic!*), poi ridottosi al posto al sole per coloni e famigli. Negli anni del nostro racconto, le notizie delle violenze sono secretate e riservate solo ai resoconti stringati e interessati dei governatori. Non abbiamo neppure visto successivamente le schiere di agguerriti storici a contarci dell'accaduto, come se una qualche censura di stato continui ad essere esercitata (basta ricordare quella cinquantennale del film *Il leone del deserto*), salvo qualche rara eccezione, per non togliere l'illusione del "siamo diversi e soprattutto bravi" ai gonzi e criminogeni italiani. Certo fra qualche generazione, quando ormai questo paese sarà colonizzato, declassato e infine inesistente, qualcuno aprirà i cassetti e ci educerà sul passato con le sue (troppe) ombre che minacciosamente continuano a coprire le guerre sporche (Kossovo, uranio impoverito, Iraq, Libia) fino alle stragi che hanno ucciso, fatto piangere e trafitto la democrazia in Italia.

Giovani non felici sono chiamati alle armi e dopo un rapido addestramento sono pronti per l'Africa, cioè Abissinia e Libia che, nonostante i muri e i gas del favoloso Graziani, non sono dome.

Questi ragazzi dovranno percorrere kilometri di terra e acqua con sibilanti lance, frecce, pallottole, rumorose bombe e con scarse coperture e cibo; oscillanti fra corse e ripari, mentre le tribù dei nativi galoppano verso di loro...«accidenti non li ferma neanche l'incessante crepitio della mitragliatrice!». L'ambiente è fin da subito ostile per il caldo, i danni alle cose e l'avversione di gran parte della popolazione. Il tempo verrà impiegato in rastrellamenti, stupri, scaramucce, nella vigilanza e sicurezza delle famiglie dei conquistatori, mentre la paura e il pensiero nostalgico al contado e alla famiglia e la loro ricorrenza costituiranno la sintomatologia della melanconia, una malattia che ti prende nelle notti fredde e sole. Facile ricamare sul sentimentalismo dei semplici, inebetiti da una guerra altra e fuori dai territori dei padri e dei nonni, mentre fatalmente sfugge il dolore inferto alle vittime civili e militari, invase e depredate della storia e dell'intimità. Presenze all'interno di un sentimento di avversione, timido dapprincipio, ma che troverà il proprio sviluppo fino all'odio della guerra nazifascista e le sue morti, l'8 settembre con la firma della resa e la guerra ai tedeschi e ai fascisti, i bombardamenti degli alleati e sarà senza ritorno. Lo sbandamento dei nostri soldati, la renitenza al richiamo per un nuovo esercito dell'Italia badogliana, o la fuga di fronte a quella repubblichina rendono evidenti, se letti insieme al numero dei partigiani combattenti, l'avversione alla guerra. Ma ciò non toglie la solidarietà a quella partigiana manifestatasi con coperture, cibo, vestiti e...armamenti.

c.14r
Per quei poveri fioi che moriron de fame

L'8 settembre 1943 con la diramazione dell'armistizio firmato a Cassibile e lo sbandamento che ne seguì dell'esercito italiano oltre i confini, è storia poco raccontata per cui non restano che aneddoti e sprazzi dei pochi sopravvissuti: intanto sui primi a sparire che dopo il re furono Badoglio, i generali e con loro l'onore, poi i graduati con i loro automezzi e corpi speciali che cercarono di raggiungere Trieste per imbarcarsi. Si saprà poi che Trieste pullulava di tedeschi e che non c'erano navi in grado di riportarli in Italia. Alle macchine seguirono gli appiedati: i soldati affamati, stanchi e smandrappati, magari seguiti dagli Stukas e prossima preda della truppa tedesca, che elegantemente li circuirà con proposte a dir poco

47

allettanti, come quella di combattere al loro fianco, essere la loro forza lavoro, o soggiornare in un loro lager…e ancora Badoglio e Sciaboletta non avevano dichiarato guerra alla Germania! Le rese firmate dai vari generali e graduati non ebbero altri risultati che consegnare armi e soldati ai tedeschi, anche se la dichiarazione di guerra cercherà, a posteriori, in qualche modo di salvaguardare lo status, cioè la vita, ai nostri soldati. Ma ce ne furono altri che, sbandati, venivano redarguiti con un "siete svincolati, tornatevene a casa, arrangiatevi, ovvero "ognuno per sé e Dio per tutti", e questi cercavano, dopo essersi disarmati, di tornare in Italia con ogni mezzo, anche a piedi. E Giaime Pintor chiosa per loro: «I soldati che nel settembre scorso traversavano l'Italia affamati e seminudi, volevano soprattutto tornare a casa, non sentire più parlare di guerra e di fatiche. Erano un popolo vinto; ma portavano dentro di sé il germe di un'oscura ripresa, il senso delle offese inflitte e subìte, il disgusto per l'ingiustizia in cui erano vissuti. Ma coloro che per anni li avevano comandati e diretti [...] non erano solo dei vinti, erano un popolo di morti».

c.15r

Dobro

Altri ancora accettarono di aggregarsi alle brigate partigiane che non avevano smesso di martellare le nazioni dell'Asse. Tra questi il nostro soldato da sempre antifascista nonché ragguardevole vinoso, che seguì e combatté insieme ai *titini*...e a Mirko ferito, trasportato tra le montagne e la folta vegetazione all'ospedale partigiano di Franja dove gli verranno amputate entrambe le gambe. Aveva appena 16 anni, Mirko, e lo lasciò in quelle casette allineate e sospese su un torrente di montagna irraggiungibile e invisibile agli Stukas. In un anno degli anni '80, ospite con la mia famiglia a Trieste Contovello da Claudio, un amico e compagno di viaggio, andammo a Franja e successivamente mi fece conoscere appunto il Mirko di Pippo, pensionato privato delle gambe e legatissimo a Franja e all'epopea resistenziale con ricorrenti flash back su amici e privazioni. Abbiamo bevuto la rituale slilvovica ricordando l'eclisse della Jugoslavia iniziata con la morte di Tito e inizio della disintegrazione della Federazione, e dell'Italia con la strage di Bologna, le larghe intese, l'omicidio di Moro e con esse quella dei comunisti. Non molto ricavai sulle gesta e vicende di Pippo; appresi solo della sua partecipazione a far saltare un ponte per impedire i rifornimenti alla truppa tedesca. Quindi con dei partigiani raggiunse Sesana e da lì "a gambe levate" verso Roma attraversando campi, boschi, fiumi, ferrovie o marginalmente strade; dormendo poco in luoghi abbandonati o nelle stalle per paura di essere fermato, ripreso o magari fucilato. Dopo aver guadagnato Roma prosegue per San Vito Romano, luogo di residenza dei genitori, fratelli e della moglie finalmente incinta del primo di cinque figli, che vedrà la luce il 2 gennaio del 1944.

c.15v

Il guerriero "Guten nacht, kamarad"

Il ritorno a casa significa trovare la moglie, il lavoro dei campi e, negli avanzi di tempo, partecipare alle azioni di disturbo, trovare le armi e addestrare al loro uso. Un po' come l'Alberto Sordi di *Tutti a casa*. Alle armi rubate ai tedeschi il 2 novembre 1943 presso il servizio meteorologico di Guadagnolo, si aggiungono quelle date dagli operai della Breda di Torre Gaia fra cui: le due mitragliatrici Breda nelle versioni leggera e media saranno sempre al suo fianco insieme alla "fedele cassa delle munizioni", che continuerà a girare per casa (come la baionetta da moschetto) fino alla di lui morte semplicemente come cassetta dei piccoli ferri per lavori di riparazione e manutenzione. E chi la toccava rischiava la morte!

Solo di tre episodi posso dar conto, che rendono in pieno la psicologia e le reazioni di Pippo.

La moglie nella loro piccola casa in affitto, ha finito di preparare la cena ed è in attesa del marito, quando entrano due tedeschi che, sentito il profumo del cucinato che aleggia nel bilocale, fagioli con cotiche e carciofi alla romana per il giorno dopo, si siedono e mangiano, prendono il rimanente, quindi si alzano e vanno via. All'arrivo il marito non trova nulla, e con sommo disappunto vorrebbe andare ad ucciderli, ma è troppo rischioso. Se lo appunterà, e lo farà successivamente, precisamente il 6 dicembre, mentre gli stessi erano intenti alla razzia in altre case...come si dice, la vendetta è un piatto (non)servito...di fagioli (ma in quel caso c'erano pure i carciofi alla romana!). Credo fosse giusto uccidere Caino perché chi ha avuto la fortuna di mangiare quelle *prelibatessen*, sa che era un' esperienza unica...per esempio, io. Ma quella sera non mangiarono che pane intinto in olio e sale e subito dopo in un letto viepiù gelato.

L'assalto alla Villa Trincheri *agliu Coe Piccu* (per i semplici Colle Piccolo) dove erano asserragliati i crucchi, fu condotto con l'ausilio di un graduato francese. Giunti nei pressi della villa, l'ufficiale si fermò, cacciò fuori un cannocchiale per fare il punto sulle operazioni e modalità di attacco per stanare il nemico. Una raffica di mitraglia lo seccò, così Pippo e gli altri quattro dovettero procedere senza un piano fino alla resa dei tedeschi e la liberazione della villa. Il generoso francese fu sistemato alla bell'e meglio su una camionetta per essere poi seppellito («...così ce lo semo 'ncollato...semo fatto 'na buca pé abbelajo»).

L'altro episodio, ben più drammatico, si consumò nel maggio del 1944, quando Babbo aveva nascosto in casa due americani. Il tedesco che svolgeva le funzioni di interprete (nonché stupratore, *ndc*), fu reso edotto e, verificato il fatto, si apprestava a riferirlo al comandante di divisione. Ma nel suo cammino, nell'ombra del sottopasso che conduce dai campi a Borgo Mario Theodoli e poi a Piazza Roma, residenza del comando tedesco, il guerriero lo assale colpendolo più volte con la baionetta; l'altro, con una reazione, riesce a divincolarsi e si avvia sanguinante verso la sede gridando, ma dopo alcuni passi cade morto. I tedeschi incazzati neri (*sic!*) e ululanti ordinano di trovare e acciuffare l'autore, *Tot oder lebendig!* (che poi sarebbe il *dead or alive* dei film western), che invece quatto quatto se l'è svignata. Dopo di che parte il rastrellamento secondo la proporzione di 1 a 10, cioè ci vogliono dieci italiani per fare un tedesco e quanti Rom, ebrei, gay, neri o comunisti? Chissà se ci siano stati algoritmi o elaborazioni a tal proposito perché allora non tornerebbero i conti di fronte agli oltre 6 milioni di ebrei trucidati dai nazisti, 6 milioni a cui avrebbero dovuto corrispondere almeno seicentomila tedeschi...qualcuno ha barato. Sicuramente i nazifascisti, criminali a tutto tondo.

c.17r
La Banda di San Vito Romano

Le poche notizie che si hanno sulla composizione, azioni e rapporti con le altre formazioni partigiane operanti a Roma (Tiburtina Valeria, Bandiera Rossa, Banda Rossi ...) e CLN non sono state studiate né siamo in possesso di memorie dei protagonisti. Alcuni nomi dei componenti, partigiani e patrioti, compaiono nel lavoro di Roberto Salvatori sulla resistenza nella Valle del Sacco, qualche altro forse si troverà nel registro dei morti o nelle lapidi dei monumenti ai caduti. A questo proposito, ricordo Leone Troiani "caduto a 21 anni, in località Accianesi" durante l'attacco alla colonna dei tedeschi in ritirata: alla fine di maggio del 1944, la linea Gustav ormai disgregata dall'avanzata degli alleati lasciava dietro di sé rovine. In questa che sarebbe stata l'ultima sortita di martellamento e di euforia liberatoria, tutti serbavano rancore e sentimenti di vendetta per le violenze e le morti che avevano accompagnato l'occupazione tedesca del paese e in Italia. Recente l'assassinio di suo zio, "ambulante"residente a Velletri, alle Fosse Ardeatine. Si espose, nonostante la raccomandazione del senior guerriero «di stare attento perché la bestia seppur ferita è sempre aggressiva», e un *ratatatat* fece il resto. E se oggi è un patriota o partigiano non importa più di tanto, mentre ci piace rivederlo sorridente insieme a tutti quei giovani che hanno reso l'Italia un paese vivibile. La banda viene costituita all'indomani dell'8 settembre, mentre nel paese stazionava la 29 divisione tedesca. San Vito rientrerà in pieno nella linea Gustav, successivamente in quella Caesar, costruita per bloccare l'avanzata delle truppe alleate dopo lo sbarco ad Anzio. Fra i capi viene individuato Zaccaria (n.7371, partigiano col grado di gregario, nell'elenco del CNL di Roma) e sor Cacone alias Virgilio, un anarchico sanvitese sfollato, la cui famiglia gestisce a Roma un banchetto di frutta e verdura nel mercato di Testaccio. Le notizie non consolidate ci dicono che nel periodo di massima operatività, maggio 1944, la banda arrivò ad avere 40 componenti (e sei morti) e di questi ben cinque erano della famiglia Mannaggialicani, il capostipite e quattro figli, mentre un altro era ospite di Hitler in un suo campo di concentramento. Nell'elenco che fornisce Salvatori dei combattenti, apprendiamo della presenza dei figli più giovani di Zaccaria alias Babbo (18 e 14 anni) e che Giovanbattista è registrato con il nome di Tolmino. La caratteristica della banda, oltre a quella del sabotaggio e della propaganda, era che dopo l'azione tutti ritornavano al lavoro: oggi potremmo assimilarlo a un part time orizzontale o lavoro-a-chiamata (*sic!*). La famiglia, all'approssimarsi della mala parata, sfollava nel piccolo appezzamento, in un luogo lontano dal paese, verso Genazzano e, l'aspetto più importante, è che dalla via provinciale (asfaltata) distava un bel po' e in più, per arrivarci, il percorso era in strada mulattiera.

Home, sweet home

Da sfollati in campagna, un ettaro coltivato a ulivi e poco distante 5 coppe (circa 4000metri quadrati) tenute a uva cesanese per il vino, si viveva in una casetta a due piani costruita dai tre figli maschi, i più grandi, fatta di quattro ambienti: uno sotto, a terra battuta, con alcuni attrezzi da lavoro, un piano terreno con un camino, un tavolo e dei giacigli fatti di foglie di pannocchia. Uno sopra con due stanze, in una delle quali un letto matrimoniale: due reti unite con del fil di ferro, materassi di crine e un'imbottita e un *vis à vis*. Non c'era bagno né acqua, figurarsi l'energia elettrica. Appena fuori, sul muro a secco, una fonte di acqua fresca, mentre tutto intorno cespugli di maggiorana e altre erbe aromatiche. Le piccole foglie spesso accompagnavano, oltre i condimenti, un tozzo di pane ammollato poi condito con olio e sale; in primavera e in autunno investivano la casa di un profumo intenso.

Per lavarsi, rigorosamente a pezzi, c'era un bacile con un sostegno in ferro battuto e sul davanzale della finestra una brocca in ferro smaltato con scheggiature e un sapone fatto in casa con il suo portasapone. Sempre sul davanzale giacevano cinque libri e dei quaderni di scuola con grappette di metallo, copertina nera e scritti in bella grafia, zeppi di poesie (copiate e non) insieme a ricordi, quasi a ridurre l'impressione di un accampamento provvisorio; un indizio di continuità e di interessi alti, in un ambiente culturale che non era andato oltre la licenza della sesta elementare, erano l'Inferno di Dante, *l'origine delle specie, la secchia rapita, Gargantua e Pantagruel* e *il Canzoniere* di Lorenzo Stecchetti (con l'immagine spaventevole degli occhi brulicanti di vermi). Completava il quadro una lampada a olio, un orinale accanto alla finestra, anch'esso smaltato, mentre per le altre necessità corporali c'era il *plein air*, altrimenti una baracchetta di legno coperta di lamierino, con la sua porta, uno spuntone per infilzare quadrati di carta di giornale ("Il popolo d'Italia") e carta paglia per detergersi, infine una buca scavata nella terra e riquadrata con tavole dove depositare gli escrementi. Al raggiungimento di un livello pericoloso per "l'igiene", si procedeva allo svuotamento con pala e carriola, quindi allo spandimento nel campo. *Make yourself at home* o meglio autarchia, piena. Del resto ciò avveniva pure nei piccoli paesi sprovvisti di cesso e non per un attaccamento alla tradizione medievale. Ricordo ancora come una mattina Rocco, cavaliere *in nuce* di Vittorio Veneto, venne redarguito da un contadino che, passando sotto le sue finestre, si ritrovò completamente inzuppato dall'urina di casa. Solo di quella si trattava, ché il resto veniva fatto nella stalla dalle donne e poi buttato nei campi, mentre l'uomo si rintanava dietro una siepe, che veniva sempre magnificata per la sua rigogliosità.

La magione non era comoda per tutti quei figli che, come avveniva durante lo sfollamento, dovevano dormire uno accanto all'altro, si direbbe come topi, ma in quella realtà di topi ce n'era solo qualcuno di campagna, che riusciva a sfuggire al terribile Tombolino, gatto della figlia minore. Questi era una presenza costante e mobile della notte allorché l'infanta cadeva fra le braccia di Morfeo. In questa condizione gli uomini procedevano a lavorare secondo le necessità del momento: tagliare l'erba, zappare, "ramare-zolfare", potare, curare le piante di ulivo, con prodotti contro cocciniglia, rogna, carie e mosca ecc. mentre le donne accudivano...gli uomini più che gli adolescenti, che se la spassavano fra lucertole, gioco della campana, nascondarella o acchiappino. Ma un po' tutti portavano agli uomini l'acqua, il vino e il companatico, aiutandoli secondo bisogno in qualche lavorazione. Il lato più piacevole era l'ora del pasto che segnava la fine del lavoro mattiniero: un forte odore di sudore misto a ramato e terra proveniva dalle loro maglie di lana, mentre le mani callose recavano macchie azzurre e di terra bruciata di Siena. (Chissà poi cosa c'entra Siena, visto che si è nella provincia romana). Ai giovani l'incarico di prendere la brocca e riempirla d'acqua per poi versarla sulle mani insaponate e strofinate con una spazzola di sorgo per nettare le unghie. Dopo di che si passava al viso, alla testa e alle ascelle: secchiate di acqua. Era un via vai alla fonte per riuscire a mantenere il ritmo di quel lavacro. Una nuova maglia, magari con l'immancabile buco, una ravvivata ai capelli (sempre più radi) e via *à la* table (*À tabl-e, à tabl-e/Les grands et les petits/À tabl-e, à tabl-e/À tous bon appétit !/Merci! À vous aussi*). I piatti, di norma, erano quelli che permettevano le verdure dei campi, i prodotti ad horas tipo i frascarelli con farina di mais, le fettuccine ai funghi o, quando possibile, le sagne al sugo di baccalà (una pasta di farina e acqua e un sugo di baccalà con cipolle e sedani), infine il pancotto (pane secco ammollato in una zuppa di aglio, olio, pepe e pomodoro), o la classica aiooiopeperoncino. Il secondo piatto, quando c'era, erano pomodori "spaccati" conditi con aglio, basilico e peperoncino, altrimenti ripieni con acciughe, origano, prezzemolo e pangrattato (se cotti alla brace ma meglio al forno). Ma per la vera cucina si dovrà attendere il ritorno al paese e solo allora si gusteranno le paste e fagioli o magari con le cotiche, i raviolini al sugo su pasta tirata a mano (bene Cerini, la sfoglia è femmina) con sugo di castrato, gli involtini e spuntature alla romana, i carciofi alla giudia, le puntarelle, le amatriciane e via godendo.

Una gioia vedere quei giovani affamati e allegri in vena di sfottò prima che il padre li richiami al silenzio e al racconto delle donne e degli adolescenti. Ricordo anche di qualche risentimento fra i giovani quando il più adulto venne etichettato come Ciocco: mai offesa fu più grande e duratura! Roba che oggi fa semplicemente sorridere. O il ricorrente e scontato *calembour* di Enrica:

«Filippo fila

Tolmino dorme

Marcello marcia

Angela vola

Archimede mete

Spartaco sparte

Richetta va in barchetta ».

I fratelli in genere spettegolano sulle rispettive fidanzate e mogli mentre i giovani chiedono e raccontano le prodezze di Gargantua o la guerra fra modenesi e bolognesi per la «vil secchia di legno». Il clima, nonostante i tempi, sembra gioioso, alimentato da qualche boccione di vino. Ci si aggiorna sulla situazione in paese e sulla venuta dei fascisti e dei tedeschi, sulle posizioni da assumere nel caso e sul ruolo delle donne e dei bambini. Gli ordini di Babbo sono tassativi, come sempre accade: lui e sempre lui decide e determina. (Chissà come avrà esercitato il suo ruolo di consigliere comunale, che ricoprì a partire dal 16 ottobre 1944 sotto la sindacatura di sor Cacone). Sarà così anche nei tempi migliori, patriarca, di statura piuttosto contenuta rispetto ai sette figli e alla mastodontica moglie, disciplinata militante, quando Babbo continuerà ad essere potere legislativo e esecutivo, nel senso che le questioni pratiche le demandava ai figli. "Babbo ha detto, Babbo dice che devi andare/fare/comprare", e di ogni assenza o mancanza redigeva puntuale notazione. Dei fiaschi di vino, di olio o di soldi dati ai figli veniva puntualmente chiesta la restituzione. «Comunista, quello? Pagnottista, piuttosto». La moglie, la mamma e la nonna era nell'ombra molto più disponibile e amabile, preoccupata per questi figli privati di qualsiasi opinione dal padre-padrone. L'unico episodio di opposizione coronato da successo fu quello di Pippo, che disse che non tutti i figli maschi (naturalmente) dovessero trovare nel bracciantato la loro *mission* ma che qualcuno poteva avere un destino migliore, diventando magari barbiere! E Figaro fu per Archimede e allora barba, capelli, fisarmonica, mandolino e *confidentiality.* Babbo era pure per noi nipoti fonte di rispetto misto a terrore. Al suo cospetto eravamo impacciati e di poche parole. Per questo era temuto ma anche odiato dalle nuore e le più adulte facevano grandi sforzi per tenere lontani i figli da questo ingombrante scassacazzi. Di motivazioni ne avevano da vendere, nel senso che ai figli sposati lui non aveva dato nulla, iniziando dai vestiti né un pezzo di terra per vivere, figurarsi del ricavato dalle viti e dagli ulivi, sebbene le riserve lo consentissero. Ma vale a suo onore che nelle brevi parentesi della gestione della "cosa pubblica" con interventi a sostegno degli indigenti (ricordo l'accesso gratuito alla legna del Comune), non vi fece entrare la *famigghia*, come avveniva e continuerà ad avvenire in seguito, a destra come a sinistra. Nella mia adolescenza e in piena lite con la mia adorabile (e mai dimenticata) zia Maria, fui invitato con mio fratello a pranzo da Babbo. Non sapevamo dire di no né a lui né alla zia...così quel giorno facemmo due pranzi e il resto del

64

pomeriggio lo passammo a bere bicarbonato *and lemon*. Comunque quel sofferente pranzo aprì un lato di Babbo che ignoravo e cioè che conservava i testi delle canzoni da me scritte e che non gli avrei mai inviato tanto erano elementari e brutte. Non mi volle dire niente del fedifrago, ma riconosceva che avevo dei numeri...smisi. I figli più grandi furono allontanati dalle mogli e dalle seconde nozze di Babbo e ricomparirono, come è d'uopo, alla sua morte avvenuta in campagna in circostanze ...piacevoli (*sic!*) per lui e la moglie. Toccò ai due figli maggiori portarlo in barella dal campo alla via romana e da lì in auto al paese e poi in casa dove venne allestita la camera ardente. Un funerale laico, la commemorazione fu svolta da Italo Maderchi della federazione romana del PCI: quella fu l'occasione, per me, di avere informazioni sull'attività pubblica di questo comunista e attivo antifascista. Ma quello che ricordo più volentieri è stata, durante il trasporto, la reazione, amara, del figlio più grande: «Eh, Tolmi' l'ultima inculatura Babbo ce l'ha doveva dare proprio morendo quaggiù, in campagna!».

Già la campagna, la vita allora era più vispa, ricca di speranze e ancora non caricata di tutte le privazioni e amarezze che darà il dopoguerra. Un *leit motiv* ritorna ancora oggi nella mente "Il nemico è alle porte", sempre pronto ad ascoltare o cercare di scovare i comunisti per donarli ai ricatti e alle violenze del crucco. Le giornate di quello scorcio del '43 trascorrevano tra lavoro e azioni di *partigia*, lontani colpi di cannone o di bombardamenti fino al più intenso del maggio 1944, che contribuì alla caduta di tutti i Gustav e Caesar e alla liberazione di San Vito: ma a questi dovrei aggiungere il rumore delle foglie prima di addormentarsi con la conseguente e ripetuta raccomandazione, una nenia, di non muoversi, e il freddo che piccava sui risicati, miseri giacigli.

c. 22r

Cuore di donna

È una bella giornata di marzo del 1944, nonostante il perdurare dell'occupazione nazista e della guerra incanagliata. Una luce vieppiù calda riscalda la terra, le gemme e i pigri germogli; un vento tramontano agita le frasche degli ulivi.

Dentro la casetta, la famiglia sfollata si organizza per i lavori della giornata, mentre le donne si accalcano davanti al camino a preparare pizzette di granturco e verdura (ramolacci e rape) saltata con aglio/olio e peperoncino. È il pranzo del giorno, che finirà nella gavetta e poi nello zaino dei figli di Babbo. Ma c'è pure spazio per la colazione - un pezzo di cacio, pane e un bicchiere di vino -, mentre le ragazze e le donne inzuppano il pane dentro una tazza di orzo. Gli impegni sembrano avere i caratteri della routine: la preparazione, la verifica dell'equipaggiamento per la giornata e un disagioso silenzio che nessuno si azzarderebbe a rompere per evitare le solite, dure reazioni di Babbo; quattro figli lo seguono, due sposati, e le mogli trepidano...«mi raccomando, fate attenzione a non esporvi...qui noi restiamo da sole» con qualche laido bercio.

(Sarebbe interessante ripescare nella memoria, magari per farne un piccolo catalogo, le nenie quotidiane, che avevano un preludio comune, tipo «*te possino...fa a pezzi micchi micchi,...spacca 'o frittu,...te possa pijà un trone! Venì/pigliesse un corbosiccu,siccu»*, quasi un invito, una premonizione o una scaramanzia).

Si abbracciavano, loro così restii alle effusioni e alle dolcezze (mai per Nena e Pippo, un *french kiss*...sarà forse dovuto all'ignoranza della lingua?) forse per l'esposizione della vita alla precarietà, il timore della morte o per sostenersi nella paura. I cinque, lasciato l'accampamento, pardon la casa, si dirigono verso Genazzano per incontrarsi con Carlo e Lidia, componenti della banda omonima, andare a rifornirsi di armamento e scambiarsi informazioni.

Nella casetta ormai è giorno fatto e il vento morde meno i volti delle donne, il sole è alto e aumenta il chiarore al di sotto delle chiome degli ulivi, su tutto un'apparente pace interrotta dalle voci delle fanciulle, mentre la mamma rattoppa un pantalone di Tolmino e Maria segue Marisella che rincorre a sua volta il gatto Tombolino; Nena lava il suo fantolino, lo avvoltola in una lunga fascia, infine lo fa mangiare dalle sue maestose poppe. Si sente un rumore di ciottoli smossi e di stridii da sfregamento dei chiodi delle suole, uniti a un discutere tranquillo in quella lingua incomprensibile ma conosciuta. Un balzo della mamma che richiama tutti accanto a lei. Quattro della Wermacht, armati e a fucili spianati, iniziano a gridare e a chiedere, per quello che si riesce a comprendere, degli uomini e il perché della loro assenza...banditi, disertori, traditori infine comunisti! «Già, dove saranno a quest'ora e perché si attardano...forse è meglio così...la potremo fare franca». Una marea di pensieri mischiati a paura accomuna le cinque donne. Ancora urla mentre la madre balbetta qualche parola in merito a Ponzano e Pratarone, quasi ad indicare i possibili luoghi di lavoro del marito e dei figli. Al crucco (sta per tedesco anche se una *lectio* diversa li identifica con i croati) interessa poco, fra l'interrogativo e l'incazzato dice di non aver capito quando l'interprete cerca di spiegargli che la signora ha parlato di «due località abbastanza lontane da qui e dove dovrebbero stare i maschi della famiglia». La risposta non fa altro che aumentare la rabbia: dirigendosi verso la donna, le comanda di stare ferma, mentre con la mano strappa la figlia diciottenne dal gruppo e con un commilitone la trascina dentro la casetta.

Gli altri due alzano le armi e le puntano al gruppetto, intimando di non fare mosse o profferire parole che potrebbero essere fatali. Cala un silenzio irreale e senza fine, appena interrotto dalle urla e dai pianti della sventurata giovane. La sorellina non afferra la ragione di quel forzato trascinamento: a lei quegli anni avevano insegnato che la guerra era morte e sofferenze, ma mai aveva pensato alla deportazione e umiliazione. Piange una lagna sommessa e un grido strozzato «cattivi...è mia, Matelda, lasciatela, è mia sorella!». La madre la strattona leggermente quasi a silenziarla, intanto anche lei ha le guance solcate da lacrime urticanti. Ancora grida e pianto sconsolato. Escono i due e ridendo, fieri della "grande impresa di guerra", invitano gli altri a "servirsi della preda" mentre i due li sostituiscono ad armi spianate. Sono indubbiamente soddisfatti e sicuramente il loro parlare riguarda l'impresa. Urla ancora, pianti e «mamma, mamma, aiuto, aiutatemi». La madre è dilaniata, disfatta da una condizione di sofferenza e di impotenza nuove...vorrebbe morire e grida «perché lei...prendete me». *Haltet den Mund!*

Kommunistische Huren!.... Mentre si consuma questo dramma, torna la pattuglia di Babbo che, allarmata dalle grida e dal pianto ovattato, striscia fino ad arrivare nei pressi della scena: quattro donne con due bambini sotto tiro dei due tedeschi mentre gli altri due, ormai ricomposti, escono armati e ridono, di un riso sarcastico, quasi a ribadire che ai comunisti ben gli sta'. Momenti lancinanti e pieni di terrore con il trionfo dell' indecisione sul che fare. Rischiare la vita di mogli e figlie, altrimenti lasciare traccia per far intervenire altri, innescare rappresaglia, o lasciare impuniti i criminali? È sempre Babbo che silenzia i figli, aspettando che il male e la vigliaccheria abbandonino la scena. Molte volte, forse perché influenzato dai vari Rambo, ho accusato di pusillanimità Babbo che poteva, scegliendo il momento propizio, reagire e giustiziare i *boches* (ma sono *bbboches*...per la Françoise di Proust), compiere un'azione di giustizia legittima, volta ad impedire che della loro eroica azione si facessero vanto e propalatori fra i fascisti paesani che li avevano pavlovianamente addestrati. Infatti sarà un ulteriore elemento della macchina del fango che una parte dei santuitani ordirà a partire dal 1948. I quattro verranno poi cercati e uccisi da Pippo, il primo a cadere sarà l'interprete, mentre gli altri tre periranno durante la ritirata nello scontro di Accianise e in quello delle Prata.

La madre appena può si divincola e insieme a Maria si getta all'interno della casetta. In un attimo è nella stanza ed è lo scempio, Matelda è ripiegata su se stessa, tutto del disadorno talamo è peso, perfino l'aria; s'ode un flebile e singhiozzante, «basta!». Le lacrime inondano il volto sformato, tumefatto, nell'imbottita il rosso in corrispondenza del corpo ha assunto una nuance scura, quasi a vergognarsi delle lacrime e del sangue assorbiti.«*Picchiozza mea*!», l'abbraccio forte e i baci sulla nuca e insieme l'infondere sicurezza, «la mamma c'è, tutto è finito e ci sono pure Babbo e i tuoi fratelli». Maria, alla visione della scena dell'esile corpo vilipeso, di quei poveri indumenti strappati e gettati in terra, delle macchie misto sangue sulle gambe e sui peli, piomba a terra e lancia un disperato: MALEDETTI, MALNATI. Subito dopo raccoglie "i miseri resti" e abbraccia le due donne. Un silenzio artefatto piomba sulla scena e più parola fu profferita sull'accaduto. Matelda rimase con mamma nel lettone ripulito dall'imbottita. La notte non trascorse serena attraversata com'era da sussulti, rigiri, lamenti strozzati. Il pupetto non piagnucolò...che sia stato soffocato dalla poppa? Il dio Morfeo quella notte aveva abbandonato quella misera casa. L'indomani il surreale allungava i suoi strascichi, la colazione fu frugale come lo era stata la cena della sera prima, bruschette con olio e prosciutto.

Nessuno si mosse per andare altrove, Babbo prese la vanga e via a preparare il terreno per le nuove sementi e piantine che pensava di comprare dal compare *au Coe Piccu*. I figli lo seguirono, mentre Nena e Maria provvedevano ai rispettivi figlioletti e "al che si mangia oggi?" E Matelda ancora in casa sul letto con la sorella e la madre, qualche parola percettibile sulle ultime prodezze del gatto. Solo più tardi appariranno madre e figlie sull'aia a pregustare la nuova giornata.

I maschi parlano sommessamente e non è dato afferrare che mozziconi di frasi, come munizioni,

Genazzano e via comandando....Non sembra che vogliano parlare della violenza a Matelda o della loro inazione. Eppure sì che ne dovrebbero parlare. Ma sembra che il senso di colpa abbia reso afona più di una corda vocale se non addirittura ciechi e sordi. Ma poi non è così Pippo, che ha la mano insanguinata dopo aver sferrato un cazzotto all'albero d'ulivo..., la rabbia repressa si faceva sentire.

Marisella piange sconsolata dopo la caduta procuratale dal repentino guizzo con fuga del gatto Tombolino. Lei piccola e abbastanza instabile sulle gambine, cade battendo le chiappette. Maria osserva, lasciandola piangere. Franco, detto da subito *i'cellittozzo* (l'uccellino), è assatanato dalla poppa.

Matelda è con la madre e non ha voglia di parlare, di aprirsi...va bene così. Seppur pensata per tempi e situazioni diverse, valgono per lei queste parole di Alessia Tondo:

«*Sine lassala turmire*

Iddhra moi nu ppo sentire

None tie nu nni parlare

Ca nu ssente cchiui 'stu core

Ientu puru tie nu ddire
Iddhra moi nu ppo sentire
Torme torme e nu bbole
Nu nni piace cchiui 'stu core».

(Va bene lasciala dormire/Lei adesso non può sentire/No tu non le parlare/Perché non sente più questo cuore/ Vento pure tu non dire/Lei ora non può sentire/Dorme dorme e non vuole/Non le piace più questo cuore...).

Non molto copiosa è stata la riflessione (figuriamoci la saggistica) su questo aspetto della guerra che doveva aver coinvolto milioni di donne. Il corpo della donna come bottino, come oggetto di razzia alla stessa stregua del cibo, delle sigarette da offrire alla truppa cafona e spietata. Questo corpo offerto scientemente come droga o trofeo di guerre indifferentemente se giuste o non giuste. Ma quali sono le guerre giuste? Il genocidio dei nazisti, quello dei turchi, di Stalin o le guerre "democratiche" degli euroamericani? Tragedie sulle quali continuano a registrarsi atteggiamenti omertosi da parte degli stati maggiori, della chiesa e della politica, infine delle famiglie colpite. Il discorso "buonista" di chi ha la coscienza sporca o interessata dice che non è opportuno riaprire ferite, che la guerra è finita e bisogna dimenticare e ricominciare a vivere; altrimenti che non possiamo inimicarci quel paese (v.Turchia, *ndc*) ecc. Noiosi discorsi dei pragmatici e gradualisti contro i soliti estremisti, giustizialisti. Il punto non è questo quanto la conoscenza dettagliata del perché di queste violenze sulle donne e sul femminicidio. Possiamo dire, anche alla luce delle ultime guerre che l'aggressione alla donna, al suo corpo è un'ulteriore arma, dopo le distruzioni delle case o deportazioni, per colpire e umiliare il nemico nelle sfere più intime e, assieme ai figli, più care al fine della sua disfatta. Stupri, *comfort women* (coscritte puttane), schiavitù sessuale seppur connotati come crimini contro l'umanità, testimoniano che il corpo delle donne continua ad essere invaso con le giustificazioni, i mezzi e i fini che solo l'umano poteva inventare. Così repulsione, coercizione, paura, solitudine, disperazione, con le loro derive psicologiche continuano a perseguitare le donne, mentre i maschi nel migliore dei casi, tacciono.

Come fece Zaccaria, quasi a testimoniare la propria impotenza rispetto al destino descritto proprio nella *Bibbia*, libro di Zaccaria (14,2), si, quello che doveva un figlio ai propri genitori...Babbo si è spinto ben oltre, avendone avuti 8, "Il Signore radunerà tutte le genti contro Gerusalemme per la battaglia; la città sarà presa, le case saccheggiate, *le donne violate* (corsivo mio), una metà della cittadinanza partirà per l'esilio, ma il resto del popolo non sarà strappato dalla città".

c.27v

Matelda

Per diversi giorni non profferì parola se non con la sorellina e le altre donne. Si sentiva sporca e avrebbe voluto morire. I *reduci* avevano provocato la perdita dell'innocenza, del progetto e della guerra aveva conosciuto il lato più buio e infame. L'angoscia e lo strazio di essere trascinata e denudata dalla violenza di quelle canaglie infoiate, la chiusura degli occhi, la profusione di lacrime e di grida come ultimo baluardo di pietà e di difesa, le avevano provocato intense sensazioni di paura, di ansia, dolore e disperazione. Gli uomini avevano infranto per sempre il suo sogno di trovare l'amore, il compagno della sua vita e la gioia dei figli.

«Il mio corpo straziato ormai era altro da me, tutto mi arrivava attutito, stringevo denti e le mani stringevano l'imbottita quasi a strozzarla...anch'essa come i genitori, i fratelli non mi faceva da baluardo, non mi proteggeva. Attimi di eternità...perché non finiscono...finiranno ed io mi sentirò sporca e sola, infine estraniata; questa stanza, il lume a petrolio, i moccolotti sul davanzale della finestrella, il *vis à vis* e gli oggetti del contorno non sono che orrende cianfrusaglie. In seguito ho appreso e provato cosa significassero le ombre, il "sudare freddo", il terrore di uscire, lo scoprirsi a piangere la notte senza motivo, rifiutare il cibo o la paura di toccarsi nella "natura" (il nome con la quale la mia mamma definiva l'organo femminile, più poetico rispetto a *fregna* dei maschi)...che sia stramaledetta la vostra *igiene del mondo*!».

Il tempo è pittore, ci ricordava Van Gogh, ma non in questo caso, poiché non ci sono questioni da sistemare, da razionalizzare o cose da dimenticare, carne e nervi continuano ad essere scoperti e riaperti. Finita la guerra, sebbene offesa e provata, si vide chiacchierata dai paesani e, seppur bella, di una bellezza classica, veniva schivata dai giovanotti del borgo...e dei dintorni, inopinatamente avvertiti dai corvi del paese. Cadrà preda di una vedova che fungerà da sensale, adeguatamente saziata, per evitare di entrare nel mondo delle zitelle, ed aveva soltanto 25 anni! Andò a vivere a Nizza dove incontrò il suo uomo da cui ebbe tre figli.

c.28r
Questi tedeschi brum, brum...*ma poi* bum bum bum

Ciò nonostante più di una volta, grazie ai suggerimenti dei paesani fascisti, i nazisti sono andati a visitare la famiglia, sempre con la speranza di sorprendere e prelevare gli uomini che dovevano essere fucilati, inviati nei lager, arruolati a Salò, o affidati alle "cure" della "banda di Pietro Koch". Lasciarono tangibili segni della loro vigliaccheria violenta, ma non riuscirono a prendere uomo. Solo in seguito all'omicidio del loro interprete, riuscirono a prendere Babbo insieme ad altri 9 paesani, rastrellati e pronti per essere subito inviati a Roma, poi agli scorticatori della banda Koch e subito dopo pronti per una visita definitiva alle Fosse Ardeatine. Ma furono liberati da un'azione della banda santuitana agli ordini di Pippo, che bloccò la colonna di motociclette e camion con i prigionieri a bordo, dando modo a questi ultimi di fuggire fra gli alberi dei boschi e nella campagna circostante. Tutti si salvarono, mentre due partigiani rimasero sul campo. In quel camion c'era anche Babbo.

Padre e figlio tornarono a riabbracciarsi e dopo qualche mese lo fecero con il paese tornato finalmente libero. Si ritrovò il tono della tranquillità, così da poter ricostruire un tessuto unitario di socialità e di intenti. Venne pure ricostituita la basilare forma di democrazia nell'istituzione Comune...tutto bene? Non direi, il fronte si romperà e la macchina del fango comincerà a chiedere cibo e vittime.

La battaglia di Genazzano

(nota autografa di Pippo ritrovata all'interno dell'*Inferno* di Dante)

«*Ci fu battaglia quella notte ed io ne rimasi coinvolto per via del criccrac di un fucile che mi richiamò alla vigilanza. Era una notte tranquilla ed io, insieme a Spartaco e Leone, tornavo da un nuovo prelievo di armi e munizioni, su incarico di Babbo, che gli operai della Breda ci avevano lasciato in una casetta in costruzione nell'omonimo villaggio Breda di Torre Gaia. Le trovammo all'interno, sotto una catasta di palanche: a tastoni sentimmo la punta di una canna di fucile e al chiarore della luce di un prospero raccattammo le armi e ci dileguammo. Avevamo un bel percorso sulle gambe appesantite dagli zaini pieni di pistole e dieci fucili, tanto che, appena guadagnato un muro, ci appoggiammo per recuperare un po' di forze e per rilassarci. Io, in aggiunta, avevo un dolore al piede destro: la solita unghia incarnita che con gli anfibi tornava a farsi sentire. Mentre riflettevo sull'utilità o meno* di togliermi la scarpa, odo un rumore che mi fa trasalire. Accidenti, ma proprio adesso e qui! Mi giro e mi sdraio a terra cercando di capirne la provenienza e l'origine. Di nuovo mi trovo alla mercé del pendolo vita-morte. Non è una novità per me e in generale per nessun altro, perché dalla nascita in poi non facciamo che correre verso la morte. E visto che non è poi molto ampio l'arco della vita, l'uomo ha inventato meccanismi e macchine affinché questo si riducesse ulteriormente, e la guerra ne è uno. Più cruenta e crudele è, maggiori saranno gli affari e gli orgasmi.

Ombre e silenzio dominavano la zona, ma non certo noi: tutto il corpo pulsava e le mani sudaticce stringevano i Mauser aspettando l'opportunità di puntarli sul nemico. Preme anche aggiungere che in me c'era una gran voglia di farla finita e di darmela a gambe levate. In fondo non ero altro che un contadino con, ahimè!, undici anni di guerra alle spalle ma, subito dopo, pensai ai compagni e alle accuse che mi avrebbero fatto di diserzione e vigliaccheria, cui si sarebbero aggiunti i cazziatoni di Babbo...perciò rimasi a combattere. *Partì quasi all'unisono una scarica di colpi, qualche lamento e subito dopo un grido che incitava all'attacco. Accovacciati, strisciamo fra gli alberi e muri a secco per evitare incontri fatali di pallottole e schegge vaganti; avanziamo, saltando pure un paio di cadaveri, e avanti, sempre più avanti, fra crepitanti schioppettate. Ormai albeggia, sentiamo motori che rombano e grida di andare via. Ci ritroviamo in 20 della banda, mentre tre dei nostri esanimi giacciono sul terreno; i nazifascisti ne hanno lasciati dieci. Carichiamo i nostri morti sugli asini e mestamente li portiamo verso il paese. Nessuno parla, o meglio le uniche parole sono quelle delle staffette che con costanza ci avvisano delle presenze indesiderate avanti e dietro di noi. Non si scorge nessuno; accidenti a loro, non gli erano bastate le bombe di questi giorni e i nostri ripetuti attacchi...era il 24 aprile e mi trovavo sulla strada del ritorno passando per Genazzano».*

Do svidanija

(Insieme al "benti Boga" sono le uniche espressioni che ricorrevano sulla bocca di Pippo: ne ho ignorato il significato per diversi anni dopo che la seconda veniva usata nei momenti topici e di incazzatura con noi. Il linguaggio dei miei genitori era abbastanza "pulito" nei confronti degli altri e dei padri fondatori del reale e del trascendente, ma non nei confronti dei famigliari. Il *dasvidanija* non era solamente l'arrivederci in cirillico quanto un invito a rivedersi sul terreno della rivoluzione socialista...).

I primi giorni di giugno sono pieni di confusione accompagnati da una appena visibile euforia: le truppe alleate dopo giorni di martellanti bombardamenti sulle casematte tedesche *et alia*, finalmente avanzano. Voci di scontri e di sabotaggi si rincorrono nel paese: ieri a Pisoniano è stato ferito Virgilio durante uno scontro con una colonna tedesca che portava 20 ostaggi a Roma; Pippo insieme ai fratelli Quaresima e Babbo hanno fatto sì che i prigionieri fuggissero. Pippo in uno dei carri abbandonati dai tedeschi ormai in fuga, insieme alle masserizie depredate, aveva trovato due maialini uno lo lasciò al suocero insieme al Virgilio ferito, l'altro se lo portò a casa.

La caduta della linea Gustav fa ritirare i tedeschi verso Roma, la colonna motorizzata e ippotrainata proveniente da Genazzano si ingrossa con gli altri distaccamenti dei paesi vicini, il 5 giugno attraversa San Vito di primo mattino percorrendo la via Empolitana in direzione di Tivoli. La retroguardia, dopo aver minato nelle vicinanze di Piazza Roma i palazzi che la costeggiano, è pronta a far brillare le mine. Un manipolo di partigiani agli ordini di Pippo viene incaricato di bloccare l'azione tedesca, mentre gli altri seguono il movimento della colonna con attività di disturbo, di sabotaggio e di contenute scaramucce. I palazzi sono costruzioni imponenti, rispetto a quelle più antiche, che al piano stradale si aprono con il montano (frantoio) e le cantine per la vinificazione comprensive di tutte le attrezzature per le lavorazioni nonché per la conservazione e commercializzazione del vino. Nei piani più alti risiedevano i padroni e alcuni affittuari. Una sequela di edifici che, liberati degli abitanti, i tedeschi hanno proceduto a minare per farli crollare. I partigiani, preavvertiti delle intenzioni dei tedeschi e della loro ultima canagliata per proteggere la loro fuga verso Roma per poi assestarsi sulla linea Gotica, cercano di bloccarli. Vi riusciranno solo in parte sminando i palazzoni che "guardano" Genazzano mentre gli altri crolleranno. Per questa azione neanche un grazie alla banda e a Pippo...del resto come si dice "i padroni non danno mai resto". Alla sera dello stesso giorno, quando tutti capirono che il paese era tornato finalmente libero, qualcuno accennò alla possibilità di ritrovarsi nella piazza Garibaldi per festeggiare e decidere il da farsi per far riprendere il cammino alla piccola comunità. Si festeggia *agliu burgu*, sopra dieci centimetri di polvere dovuta ai crolli e al flusso dei veicoli dei tedeschi: la sera è mite con poco vento e poca voglia di far baldoria. Ognuno cerca di mettere a fuoco le faccende da sbrigare l'indomani e insieme i dolori e le privazioni da lenire. Il guerriero, abbastanza macchiato e strappato, era completamente ricoperto da una polvere impalpabile che sapeva di gesso e lo faceva sembrare un fantasma; solo la "pippa" e la mitraglia, con le loro colorazioni scure, gli conferivano parvenze umane. Si incamminò verso il ricavato stalletto per mettere in sicurezza il prodigo porcellino e battezzarlo con il nome di *tiger country*.

c.30v
Il decreto luogotenenziale

Non essendo questo mio scritto una fedele ricostruzione della storia, potrei sorvolare sul decreto del titolo promulgato nel 1945 da Umberto di Savoia per riconoscere la qualifica conquistata in diversi settori (galera, al confino, in campo di concentramento o di combattimento), stupro, morte, mutilazione, invalidità o con una durata temporale di almeno tre mesi, sei mesi ecc. Le qualifiche venivano riconosciute a seguito di "inchiesta"; *partigiano*, colui che aveva combattuto (o risultasse ferito v. artt.7-9) per tre mesi alle dipendenze del Corpo Volontari della libertà; *patriota*, colui che aveva collaborato attivamente alla liberazione per un periodo inferiore ai tre mesi; infine il *benemerito*, che aveva svolto un ruolo di propaganda e di collaborazione con le bande combattenti (va rilevato come risulti non riconosciuto il ruolo che le donne avevano giocato nella propaganda, nel supporto logistico, nell'assistenza ecc.). Ora rispetto a ciò che realmente è avvenuto, non si capisce perché Babbo non abbia fatto riconoscere ai figli maschi (*in primis* a Pippo e Tolmino) la qualifica di partigiano, in quanto questi erano sicuramente combattenti e rientravano in pieno nel periodo sancito dalla legge. E perché far negare alle donne il giusto riconoscimento almeno di *benemerito*? Anche qui si è dovuta scontare la riaffermazione del suo dominio?

Ho sempre pensato che l'idea di Pippo di rientrare nel suo paese di origine (cioè gli USA) non fosse malsana, intanto perché potevo diventare un vero *ammerricano* e non quello del Kansas City e lui e famiglia avrebbero sicuramente visto un altro mondo, e magari sarebbe diventato pure Rambo ed io Marlon Brando ante violenta-figli. Ma mia madre non volle, non se la sentiva di lasciare genitori e amiche. La strada per l'America venne chiusa e

Pippo da Chicago "sfondò" come muratore, stradino e come nottola a Roma.

La guerra è finita (?)

La fine della guerra, la liberazione dell'Italia, il governo Parri, poi De Gasperi non consegnarono un'Italia pacificata, tali e tante erano le ferite aperte e con i collaborazionisti tuttora ai posti occupati nel precedente regime da cui non vennero rimossi. Come non lo sarà la coscienza o le ragioni di fondo, e nemmeno si assisterà a un salutare lavacro. La storia andrà per la sua strada e i conflitti individuali continueranno. Una notte, sotto le finestre di casa Mannaggialicani, un manipolo di bulli di Bellegra grida parole contro Babbo insieme a un "a morte Togliatti!" Scendono tutti gli uomini presenti nella casa e vanno allo scontro fisico, mentre una figlia va a chiamare il guerriero nella sua dimora. Questi arma la sua mitragliatrice che teneva riposta sotto il letto e scende verso la rissa divenuta ormai sanguinolenta con il ferimento del quinto figlio e mette in fuga gli aggressori. Le vittime e il chirurgo cureranno i propri feriti.

Ancora all'indomani dell'attentato a Togliatti, il 15 luglio del 1948, il piccolo paese è in mano ai comunisti. La famiglia però non sa come proseguire, finché l'invito di Togliatti alla calma e poi Bartali fanno cessare le ostilità e insieme l'ultima illusione sullo scoppio della rivoluzione sociale in Italia. Il maresciallo dei carabinieri va da Babbo e, facendogli intravvedere la pacificazione, lo invita a far sparire tutte le armi in loro possesso. La notte successiva due muli carichi di armi procederanno verso la montagna dove tutto sarà "abbelato". La perdita di quella componente di classe ben presente nella guerra di liberazione contro i tedeschi e i fascisti, con gli anni verrà meno, mentre doveva essere valorizzata al pari della lotta contro il male assoluto nazifascista in quanto leva per il riscatto e la distruzione delle premesse culturali, ideologiche, sociali ed economiche di quei regimi.

Oramai sono tre i figli, l'Italia è in ricostruzione, il lavoro scarseggia e così si procede con gli "scioperi alla rovescia" dei braccianti, che occupano e lavorano le terre. La repressione sarà dura e con morti. L'ex guerriero viene imprigionato per 21 giorni, mentre la moglie si arrabatta con i tre figli; un quarto arriverà quale frutto della riacquistata libertà. Il varo della legge agraria nel 1950 cambierà alcuni rapporti e darà possibilità di accedere ad alcuni appezzamenti in limitati contesti, ma non risolverà il problema di dare la terra a chi la lavora. Vecchio tema che la politica non ha risolto, o meglio lo ha fatto l'economia (oggi la finanza, la banca europea e *commissions* cantando) svuotando le campagne.

L'ultimo atto, si fa per dire, quasi a coronamento della lunga guerra, è l'incarico del PM, a rimuovere due boccette di nitroglicerina (quella che è meglio dell'acqua santa, secondo Juan Miranda in *Giù la testa*) sopra i tubi dell'aria condizionata della direzione generale dell'Igiene pubblica, postati dal genero, dipendente del ministero, inquisito poi imputato e condannato quale "armiere" della banda della Magliana.

La lotta con l'ex fascista e il taglio dell'orecchio

Chissà perché dopo parecchi anni, nell'Italia appena liberata, si rinnovò lo scontro tra i fascisti di quel tempo e i comunisti di sempre, che cercavano la vendetta per i torti e le angherie subite. Babbo lo rammento, era stato oggetto di purga con olio di ricino nel "lontano" 1924 da parte del fascista che tuttora gli era nemico. La lotta avvenne a mani nude, ma non per questo fu meno violenta, tanto che alla fine dello scontro l'uno rimase a terra e l'altro in piedi ma con un terzo dell'orecchio tagliato di netto con un morso. Nei giorni successivi lo scontro rischiò di essere raccontato con le fisionomie dei protagonisti cambiate, nel senso che l'uno, si presume il vincitore, era il vendicatore dei torti subiti mentre l'altro, il profittatore, il male personificato che aveva vessato la famiglia e l'intero contado. Tutto filava liscio, il piccolo vindice vendicava, ma perdeva sul campo parte dell'orecchio destro. Pugnali e coltelli sembrava accompagnassero la tenzone, mentre si trattava di pugni, calci e…di un mozzicone all'orecchio che si portò via parte dell'elice fino alla scapha (tubercolo del Darwin compreso).

Questione di nomi

Un aspetto che nella quotidianità si sta perdendo è quello di chiamare i neonati con i nomi dei nonni, o magari di zii o defunti, a favore di nomi legati a fatti di costume contemporanei, come personaggi della politica (ricordo il film francese *Le Prénom*), dello sport, dello spettacolo ecc. La mondializzazione, il meticciato, la frantumazione degli *old styles* di vita...(o un numero, come nei campi di concentramento nazicomunisti, per i profughi), insomma la liquidità che circonda la nostra individualità sempre più monade, sembra aver oscurato quella tradizione secolare che connotava nel nome e cognome l'individuo e la casata. Mentre il secondo era "fisso", l'altro era variabile e poteva riproporre i nomi dei nonni o di personaggi più o meno santi ma anche, più recentemente, nomi "laici". Nella Famiglia Mannaggialicani il capostipite era Zaccaria (che diventa in alcuni testi Zaccheria), inteso non come "diavolo di seconda categoria" (almeno dai genitori) bensì come padre di Giovanni Battista alias Tolmino e nel significato di "Dio si è ricordato"...anche se subito dopo se lo è scordato, visto l'uso che Zaccaria fece del "libero arbitrio". Il fratello, emigrante in giro per l'America in bicicletta, si chiamava Eliseo, cioè "Dio è salvezza"; e a seguire gli altri, quasi ad aderire a un precetto tutto religioso che la vita smentirà, almeno negli aspetti rituali, ma non verrà meno in quello dei sacramenti. Dunque la tradizione imporrà che i primi figli riattualizzino i nomi dei nonni paterni e/o materni per onorarli ed eternarli, così il primo e secondo figlio di Pippo si chiameranno Franco (da Francesca la nonna materna) ed Augusta (nome della nonna paterna), mentre Zaccaria sarà il figlio di Marcello, terzo figlio di Babbo; ma in corso d'opera si verificheranno diverse deviazioni più o meno conflittuali con un'unica sopravvivenza, quella di assegnare solo i nomi dei figli deceduti, per cui nella famiglia avremo almeno tre Bruno, l'ultimo dei quali, sopravvissuto, è il quinto figlio di Pippo.

Chissà se nel chiamare un altro figlio Libero, Pippo e Babbo gli abbiano inteso donare anima e vita libere...e gioconde, appunto *nomen omen*?

Ma non è andata così nel pregresso, in quanto la scelta del nome per la registrazione al Comune del neonato fu un atto di imperio operato dai due all'insaputa della madre, che aveva raccomandato per il figlio il nome di Alberto; né lo fu nel proseguo, in quanto l'Italia libera fin da subito non lo fu più, ingabbiata fra la NATO e lo spettro del comunismo, trascese in più di un'occasione verso atteggiamenti illiberali se non autoritari. Eppure, davanti all'ufficiale dell'anagrafe, Babbo disse "l'Italia è libera e che anche il carattere di questo bimbo ne sia all'altezza". Mamma mia e nel duplice senso di un compito impressionante, tipo "proletari di tutto il mondo unitevi o ribellatevi, non avete che da perdere le vostre catene"; senza contare l'incazzatura della puerpera per l'inganno consumato "a sua insaputa" (un motivetto che andrà molto in voga nel XXI secolo!). E insaputa fu anche per il pupetto Alberto che, con i suoi vezzeggiativi di Albertino, Albertone e tutta l'ecolalia del caso, solo alla prima elementare scoprì di chiamarsi Libero. E questo avvenne non perché i genitori in un certo giorno gli rivelarono l'amara verità, bensì perché all'appello dei presenti non c'era nessun Mannaggialicani Alberto, la qualcosa lo portò a pensare di non essere stato iscritto alla scuola. Preoccupazione che riportò alla mamma la quale accompagnò la rivelazione con espressioni dure e sfacciate, che solo la mia fragilità mi impedisce di profferire. Ma a casa, per i familiari, fu sempre Alberto. Un caso purtroppo non circoscritto, perché fu ripetuto con il quarto figlio, che all'anagrafe è Flavio, mentre per la mamma doveva essere Aldo; e Aldo è stato in famiglia e fuori.

c.36r

Faccende domestiche, ovvero no fictions

Nella famiglia Mannaggialicani il ruolo della donna è di molto offuscato: mi riferisco per esempio alla moglie di Babbo di cui conservo qualche barlume, per via della sua prematura morte, sul ruolo di moderatrice se non agente, nell'ombra, che smussa e attenua l'imperio del patriarca. I miei ricordi su questa donna si perdono in qualche bottiglia di olio che di nascosto da' al nipotino per sopperire alla penuria del figlio grande; o nell'immagine di una compagna fedele che segue il marito e sopperisce alle sue assenze per scorribande, azioni e affari. Quindi pochissimi elementi per costruire, parafrasando Thomas Mann, un quadro dettagliato, ma forse sufficiente a tratteggiarne almeno la silhouette. Diverso è il caso delle altre presenze femminili della famiglia, soprattutto le mogli dei figli, che per provenienza e storia si mostravano, seppur con gradazioni diverse, insofferenti verso lo strapotere di Babbo che attraverso i figli si ripercuoteva sulle rispettive famiglie. Emblematico è il fatto accaduto a me stesso, come figlio nonché nipote quando, accusando forti dolori alla pancia, il medico condotto diagnosticò un attacco di appendicite: Babbo e mio padre ritenevano che avessi mangiato troppe mosciarelle (castagne secche), anche se io tapinamente negavo di averlo fatto. Così mi condussero da un medico privato che confermò i loro "sospetti". La storia però non si chiuse qui, perché i dolori continuarono e con essi le mie grida e lamentele, fino a che mamma non mi caricò sul primo pullman dell'alba e mi portò all'ospedale di Tivoli dove venni immediatamente operato per appendice complicata da peritonite. In ospedale mamma fu pure redarguita per il ritardo del ricovero che stava compromettendo la mia sopravvivenza e non servì la sua allusione al "comune mal di pancia" diagnosticato dal medico del paese perché, le dissero, «i medici dei figli sono prima di tutto le madri!!». Non male come affondo e, aggiungo ora, magari fosse vero e possibile. Sedato e operato dormii per dieci ore; al risveglio, trovai mamma e il nonno materno (sempre il futuro cavaliere di Vittorio Veneto), ma Babbo e papà non c'erano, e non ci saranno per tutto il periodo della degenza. La convalescenza fu lunga e perdetti l'anno scolastico solo perché nessuno andò ad informarsi sugli esiti dello scrutinio, e non seppi di essere stato rimandato a settembre.

Questo strapotere di Babbo sarà un *refrain* per liti e recriminazioni familiari e in diverse situazioni verrà agitato come spauracchio di durezza contro la nostra mollezza "ah questo con Babbo non lo potevi fare", "con Babbo già stavi a zappare", insomma (come il *Figaro* di Rossini)"Babbo di qua, Babbo di là".

Davanti all'impotenza dei figli, le mogli, in genere disciplinate, non celavano la loro ostinazione verso il tiranno, l'egoista che poco aveva dato all'avvenire dei figli. E furono proprio loro le protagoniste, nei limiti del ruolo di donne di casa, della fuoriuscita dall'indigenza. Questo vale soprattutto per la moglie del guerriero, alla quale fu demandata per intero l'educazione, si fa per dire, dei figli e insieme il compito di provvedere al sostentamento. Non sono imputabili a lei i denari che entravano in casa, quanto tutte quelle provvidenze legate al riscaldamento, all'igiene, alla tavola, al cibo ecc.

Una bestia da soma della famiglia, che di buon mattino preparava i figli per la scuola o per la colazione, poi si caricava sul capo una bagnarola piena di lenzuola e panni, si avviava verso il lavatoio pubblico fuori dal paese, nei pressi della fonte "a-gliu canale". Lì occupava una vasca per la lavatura e una per il risciacquo, e infine riportava a casa la biancheria lavata per stenderla all'aria o di fronte al camino. Poi imbracciava la conca di rame e andava alla fontana a prendere l'acqua potabile per tutte le esigenze giornaliere e, come se non bastasse, andava nel bosco a raccogliere e a tagliare la legna da ardere per il camino, per cucinare e riscaldarsi. La settimana si chiudeva con 10/12 pagnotte di pane preparato in casa con lievito madre e poi portato con spianatoie o "scifelle" al forno del paese per la cottura. A queste attività esterne spesso e "volentieri" si univa l'andata nei campi a spampanare, legare, raccogliere, levare le erbacce. Insomma una macchina a energia animale che funzionava a pieno regime nelle 24 ore, ma spesso anch'io e mio fratello maggiore venivamo coinvolti nelle faccende di raccolta e trasporto della legna con la nostra artigianale carrozza a cuscinetti a sfera. Talvolta mi chiedevo se quel pesi che mamma portava sulla capoccia non gliela schiacciassero, o se non corresse il pericolo che il collo rientrasse nel torso, ma poi ero rasserenato da quella collottola taurina che aveva sviluppato. E quella nuca e quelle braccia ne hanno portate di *matte* (fascine) di legna, di conche e bagnarole d'acqua insieme a bambini voraci e piangenti! Ah! debbo aggiungere che il nostro pianto da grandicelli era spesso dovuto alle vergate che volentieri ci infliggeva per le nostre scorrerie, vivacità e caparbietà...se non bastavano, avevamo un secondo round con nostro padre (speravamo che non fosse vinoso) con schiaffi, calci e cinghiate. Nulla che sia paragonabile con Oliver Twist, ma «che altro potevano fare di fronte a bambini vivacetti che si rompevano teste o si gonfiavano occhi per via delle sassaiole o lotte con i nidi di vespe? O che depredavano frutta e campi di ortaggi fino a sfiorare vere e proprie tragedie?». E che dire sul versante sentimentale, o meglio del sesso all'interno di un matrimonio subito, in una magione di 22 metri quadrati, cucina e stanza da letto, con sei persone che poi diventarono sette e un cesso, senza sciacquone, sul balcone. L'economia domestica ruotava attorno al lavoro di bracciante "a giornata", pagato in nero, e con quello si doveva provvedere alle necessità della famiglia; naturalmente spesso non c'era lavoro e allora si provava l'ebbrezza dell'essere indigenti, venivamo mandati a comprare il companatico e a far segnare la somma spesa sul quaderno del norcino Mario. Conti che poi dovevano essere saldati dal papà, alla "quindicina" del mese, naturalmente lavoro permettendo, altrimenti aumentavano le scritture.

c.38r

La mamma dal libro Cuore alla trans-avanguardia

La rivedo ancora con ago, filo e forbici intenta a rappezzarci i pantaloncini cercando fra i rimasugli di stoffa quelli più attinenti a suo insindacabile giudizio. Era così che vestivamo, non alla marinara ma multicolor, e questo era evidente più sul culo (il lato B), cioè la zona dove più si provocavano strappi e lacune da attrito con il marciapiede, la strada ecc. e sulle patte per la "perdita" dei bottoni. Non scherzava, la mamma, allorché ci sgridava ammollandoci qualche scapaccione perché ce li eravamo giocati!

Insomma all'oggi un trionfo del minimalismo, del punk o del clochardismo, solo che noi eravamo *poracci* DOC e l'ostentavamo proprio come fanno i VIP con i loro jeans strappati e insieme propugnavamo un'estetica che superasse tutte quelle sovrastrutture (o trans). Vuoi mettere la poetica del taglio nei suoi aspetti artistici (Fontana, il montaggio nel cinema) e antropologici (il toro di Guernica, la dimensione sacrificale), insomma ejzenštejniamente come separazione e svelamento dell'immagine fino «a istanza di rimozione dell'alterità». Penso solo alla reazione della mamma di fronte a ciò che lei riparava, ma non celava. Eppure erano belli i miei fratelli ripresi *ex abrupto* sulla strada da un fotografo itinerante alla ricerca di immagini post belliche: tre bambini, due con grembiuli di scuola con qualche macchia di inchiostro, mentre il terzo, Flavio, ha un grande ciuffo a banana, pantaloncini con toppe e rammendi e le scarpine con quattro fori sul puntale e sulla tomaia...così da aerare i piedi, da brevettare.

Educazione santuitana (sanvitese)

Giorni di scuola e di dopo scuola trascorsi da soli ad aspettare alla sera il ritorno dei genitori per mangiare e magari essere rimbrottati per qualche marachella o birbonata. Ogni giornata poteva riservare sorprese per me e i miei fratelli: di alcune conservo tracce indelebili, per lo più cicatrici tatuate sul corpo; il fratello maggiore conserva segni di ustioni alle gambe provocate dall'acqua bollente, che doveva servire con l'aggiunta del sale, ad "alleviare" le punture delle vespe; il quarto figlio conserva segni sulle chiappe di una seduta sul treppiede triangolare del camino, naturalmente arroventato; infine sul mio viso c'è ancora il segno procuratomi dall'estremità delle molle ad opera di mia sorella.

Nel tempo libero, stagione permettendo, organizzavamo con i compagni qualche gioco al chiuso tipo bottonella o all'aperto, andando alla ventura nei boschi (Cese, Macchiarella...): raccolta di castagne, funghi, costruzione di capanne, mazzafionde, sassi, archi e frecce per la caccia o per la guerra contro i ragazzi della parte meridionale del paese. Frangenti nei quali venivo destinato a salire sulla cima di un castagno per fare la sentinella contro l'attacco nemico (*le cinéma au risque de la réalité*). Gli è che una volta la truppa se ne andò a casa senza avvisarmi e fu così che rimasi sul castagno fino a sera, quando finalmente sentii i richiami di mio fratello. Scesi a terra e andammo a casa dove incontrai due manate, dette anche "rombe" sul viso.

Ma azzardavo anche sperimentazioni di prima mano, come quando volli verificare quel principio di Archimede in merito al corpo che cade in acqua e alla spinta che ne riceve: in un pozzo del campo sotto casa galleggiavano un bigoncio e mazzi di rami di vinco, senza pensarci più di tanto ci salto sopra e immediatamente affondo, non so nuotare, comunque torno su e odo il mio amico Fabrizio piangere gridando il mio nome; bevo un bel po' e in qualche modo galleggio e quando sto di nuovo affondando una mano mi afferra e mi porta fuori. Sono stremato e sazio d'acqua, è mia madre che mi chiama e mi rivolta come un pedalino fino a che mi prende, mi porta a casa e al caldo vengo coccolato. Piange per la scampata perdita e nulla aggiunge. Strana la vita: appena incinta, mia madre aveva tentato di abortire, secondo le indicazioni di una vicina di casa, ingollando una massiccia dose di decotto di prezzemolo. Fu scoperta da mio padre, che vide un tramestio in cucina insieme a un recipiente pieno del liquido verde scuro e che impedì di abortire alla donna smarrita e sofferente, in quanto a lui spettava mantenere il figlio e lei non poteva permettersi di "gettarlo via". E meno male che non aggiunse che i figli sono "grazia di Dio". Così guadagnammo, per modo di dire, entrambi, nel senso che io nacqui e che mamma non morì. Certo restava intatto il ruolo della donna, che non andava oltre quello di femmina. Comunque la storia del mio mancato affogamento in un classico bicchiere d'acqua, si concluse alla sera, quando mio padre, tornando dal lavoro e informato del fatto, grugnì e profferì solo una parola: "deficiente". Decisamente non veniva apprezzata la mia tendenza alla conoscenza…sperimentale. Che manifestai pure in altre occasioni con risultati per me nefandi. Senza seguire un ordine cronologico, mi ricordo di una giornata festiva di giugno in cui, con un gruppetto di amici, si decise di andare per campi. Camminammo a lungo finché ci fermammo in un campo pieno di fave i cui baccelli, dato il periodo, erano ben rigonfi. Erano destinati a seme...ma questo lo apprendemmo solo successivamente. Ne mangiammo per tutta la giornata fino a che, verso il tramonto, decidemmo di tornare al paese e alle rispettive case. Nella via principale, della passeggiata, eravamo riconosciuti e apostrofati con «delinquenti...tutti vi stanno cercando e le vostre famiglie sono in grande ambasce». Arrivati al paese, trovammo genitori e parentame che subito ci fecero pregustare il piacere della sera: io ricevetti da mia madre un paio di ceffoni – di quelli che fanno fischiare le orecchie – mentre mio fratello maggiore ebbe l'ordine di portarmi a casa e di legarmi al tavolo come un cane. Incatenato al tavolo come un Pinocchio, piansi assai per l'umiliazione, ma anche perché a seguire mi prefiguravo possibili menomazioni o mutilazioni. Non fu così, al rientro mia madre redarguì mio fratello che mi aveva messo a catena senza capire che il suo era solo un ordine figurativo (sic!). Nei giorni successivi il padrone delle fave venne a reclamare un risarcimento...monetario, il cui ammontare fu diviso fra i genitori di tutti i partecipanti alla scampagnata. Io ricevetti il resto in botte sulle belle e sode chiappette.

La scoperta del "sesso" avvenne ad autunno inoltrato, allorché incontrammo due bambine nel bosco alle quali proponemmo uno scambio di cinque kili di castagne inside (da distinguere da quelle "acce"che allappavano la bocca e di difficile pelabilità) con la visione della *patatina* senza le mutandine. Una disse di no e andò via, mentre l'altra acconsentì allo scambio, ma della cosa fece partecipe la famiglia. Il fratello molto più grande di noi, ci scovò e rincorse, e ad uno a uno ci castigò a pugni e calci. Io provai a dirgli che i 5kg di castagne inside lei però li aveva ricevuti....ma l'appello non fu raccolto ed io andai a scuola con l'occhio nero e la giustificazione di una scazzottata con quelli di San Biagio. Superfluo aggiungere che non riavemmo indietro le castagne.

"Il sangue dei vinti", la condizione di poveri ci ha sempre accompagnato, più drammatica a partire dalla fine della guerra: il bracciantato non tirava e in più ci venivano negati i "pacchi dono" americani (piano Marshall) perché comunisti e ovviamente i giocattoli (il mio unico giocattolo d'infanzia è stato un fuciletto a molla che sparava un piccolo sughero, regalato da zio Peppe per la Befana del 1951) per cui dovevamo arrangiarci con dei succedanei o chiederli in prestito in cambio di frutti che prendevamo dove erano cioè nelle altrui campagne. Fu così che mio fratello provò l'ebrezza della bicicletta. Appunto in uno di questi scambi, durante la *promenade* sanvitese, in prossimità del monumento ai caduti delle guerre, mi vidi travolto dalla bici guidata da tale Giustino, di paternità ignota, che mi lasciò sanguinante sul ciglio della strada. Il pirata si diede alla fuga, mentre io, moribondo, piangevo inzuppando di sangue la maglietta e il moccio. Nessuno dei passeggiatori sembrava interessato a lenirmi le ferite, ma qualcuno provvide a chiamare l'infermiera dell'ambulatorio. Una tedesca alta e con pettorali prominenti, forte di braccia, che mi afferrò sgridando i compaesani per la loro ignavia e mi portò nel suo antro, disinfettò la ferita al sopracciglio e ne ricuci i lembi con quattordici punti; bendato il tutto mi restituì alla mamma nel frattempo sopraggiunta. Mentre tornavo a casa pensavo che meglio sarebbe stato essere figlio di quella tedesca coraggiosa che mi aveva ridonato la vita e in più ci avrei guadagnato una bella nuca bionda. Mia madre invece mi chiedeva notizie del mio investitore, che lì per lì non avevo riconosciuto e che solo successivamente identificai. Non apparteneva alla nostra cerchia di educandi e, data la sua età, non venne perseguito né gettato nei patri collegi e ancora scorgo la sua impronta sul viso...mentre è venuta meno quella della bella e forte teutonica che, insieme alla vita, mi diede la gioia di visioni prorompenti e algide. Il fatto comunque mi segnò, visto che dopo alcuni anni sposai un medico (eheheh, la paura fa 90!).

Cinema che passione, nella piazza prospiciente il Palazzo Theodoli - una sorta di nave che si erge minacciosa verso la parte alta del paese -, sorgeva il cinematografo, un fabbricato che nostalgicamente ci riporta ai fasti del cinema narrati nel film *Nuovo cinema Paradiso,* solo che nessuno di noi rivestiva un ruolo operativo poiché eravamo utenti e, quando ci riusciva, a gratis. La strategia era sempre la solita, cioè andare all'ultimo spettacolo serale e aspettare che il gestore andasse via per poter poi chiedere alla maschera del cinema di farci entrare...naturalmente a film iniziato. Questo era il solo modo per noi di accedere alle meraviglie dell'avventura e delle bellezze, vere e non come quelle del disgraziato paese. Impazzivo per «Io Tarzan e tu Jane» di Johnny Weissmuller, per Stanlio e Olio, Buster Keaton, *Gunga Din* e i western; poi quando rientravo tardi ahimè, trovavo la mamma che mi faceva piangere, quindi a letto singultando. In diverse occasioni irrompeva direttamente nel cinema e mi costringeva ad uscire, magari interrompendo l'*emozione* sul più bello (antesignana degli spot televisivi?) per subito dopo mollarmi qualche sonoro scapaccione accompagnato dalla minaccia «domani farai i conti con tuo padre»; un *refrain* che con l'aritmetica, ad essere precisi, condivideva solo il numero dei grugniti o delle cinghiate. Insomma sperimentavo, a mie spese, il detto della nonna materna secondo cui "solo chi ti fa male ti ama" e perciò i miei genitori mi/ci adoravano! Strano, perché quando provai a sperimentarlo sui miei figli, questi mi dissero che del mio amore non sapevano cosa farsene. Ma da quando si è smesso di onorare il padre?!

Al cinema gratis comunque andavamo anche bluffando: uno di noi entrava con regolare biglietto quindi, a film iniziato, ci apriva la porta dell'uscita di sicurezza e da lì sgattaiolavamo dentro; in diverse occasioni la maschera con la sua luce cercava di individuarci, ma ben poche volte ci riuscì, accompagnandole con la rituale minaccia: «lo dirò a tua madre». Accidenti, ma proprio a lei, che mi privava delle lirette necessarie per pagare il biglietto?

c.42r
U surricchju

Un lato dell'educazione è l'apprendimento della lingua e la scrittura, un aspetto che per me non ha mai avuto una risposta soddisfacente e naturalmente la responsabilità è da ascrivere per buonissima parte alla scuola, al sottoscritto e all'*ampiente*. Al di là comunque della mia formazione e della dipendenza dal dialetto di San Vito, vorrei rilevare quanto la commistione del dialetto desse vitalità alla lingua italiana e come la perdita di *appeal* dell'italiano nel raccontare e rappresentare l'Italia contemporanea stia avvenendo anche nelle forme dialettali che negli anni trascorsi della comunità erano la linfa della comunicazione e dei sentimenti, mentre oggi ne sono solamente l'aspetto pallido e imbastardito. Direi che il dialetto era la lingua degli affetti, mentre l'italiano era lingua della comunicazione, della cultura e oggi entrambi stanno cedendo il passo a gerghi tecnicistici o infarciti di termini stranieri, mal tradotti e interpretati. Un peana all'italiano solo per ricordare come il mio incontro sia avvenuto in ritardo e per merito della scuola. L'arrivo a Roma comportò ovviamente il mio trasferimento scolastico. Ricordo il giorno del mio ingresso nella nuova classe quando il maestro mi chiese di mettere il nome sotto una stampa che riproduceva un falcetto (ma molto più in là mi resi conto che era la messoria): io scrissi "u surricchju". Fui sommerso da una risata collettiva che mi fece precipitare nel girone dei baluba, dei rozzi, incivili. Non afferrai subito il senso di quell'umiliazione, intanto perché non sapevo chi fossero questi baluba e poi per me la risposta era esatta, infatti i miei genitori e amici così connotavano quello strumento e la sua funzione nella mietitura, insieme alla cote e al copridita, per recidere un mannello di spighe. Così fui dolorosamente colpito per la definizione di rozzo e cafone, anche perché nessuno mi spiegò la differenza né l'origine del termine. E questo non fu l'unico episodio involontariamente comico perché, quando il maestro mi chiese di parlare del Portogallo, subito risposi che si componeva di 12 spicchi. Alla sorpresa, seguì la spiegazione che «sotto la coccia del *purtugallu*...» allora intuirono che avevo scambiato la nazione con l'arancia. L'ingenuità e il riso furono però accompagnati da un bel 3. Insomma la mia *naïtivité* non era apprezzata e, di questo, non potevo lamentarmi con nessuno in famiglia che su quel piano stavano peggio di me. Tuttavia ritornano con nostalgia termini che hanno continuato ad aleggiare nei diversi e vissuti alloggi romani: *scarciofulittu* (carciofino), ciammaruca (lumaca), mottaturu (imbuto), domane cétto (domani mattina), attrippà, muccù (viso)...e soprattutto *Tata* e *Mate* (padre e madre).

c.43r
La nonna materna

Ben altrimenti corazzata per ruolo e comportamento la nonna materna, dove spesso e volentieri soggiornavo nei periodi di non scuola, depositato per cambiare aria e compagnie. Io ci andavo volentieri, perché c'era lo zio Peppe, grande compagnone e vinificatore di un vino strano, il cugino Vittorio con le sorelline, infine lei che alla bellezza univa una pazienza e un'autorità che non riscontravo altrove. In genere portava abiti che a me sembravano sempre uguali nella foggia se non nei colori: una lunghissima gonna a pieghe con una casacca, simile talvolta più a un corpetto con o senza maniche, sopra una camicia scollata o chiusa. Ai piedi portava in genere zoccoli o pianelle, mentre in testa e sulle spalle dei fazzoletti colorati...quello che copriva la testa veniva intrecciato sulla nuca e annodato nel lato

115

destro del collo nelle giornate di festa (alla fronte o al mento nei giorni feriali) per contenere la folta capigliatura e proteggerla dalla polvere. Quello che in genere è uno dei capi d'abbigliamento connotativo della modestia femminile, nelle mani di nonna diventava elemento di esaltazione della bellezza: variazioni, colori, abbinamenti complottavano contro gli assunti. Adagiato sopra il vestito e legato dietro con cordoni in cotone ritorto o fettucce di lino, era lo zinale (o parannanza): un tessuto di lino o misto cotone, di norma rettangolare (nulla a che vedere con quello massonico per forma, funzione e colori) con tasca centrale, il cui uso versatile lo rendeva uno strumento più utile alle quotidiane incombenze che al completamento della vestizione. Rivedo ancora la nonna quando afferrava i due angoli inferiori e li portava verso l'alto così da creare un semicerchio dove allocava cose come legnetti per avviare i fornelli, patate, frutti o verdure; oppure lo sventolava come soffietto per avvivare il fuoco o come presetta per non scottarsi le mani, o asciugamani. Infine lo *nzinale* era utile per levare il moccio colante di noi bambini. Conservo l'immagine di quei grembiuli stesi al sole con i colori sempre più evanescenti.

Il *background* di nonna si era sviluppato all'interno della famiglia: rimasta orfana, lei ultima di sei figli, a 12 anni si trovò catapultata a gestire le loro sorti. Una padronanza che continuò una volta maritata con un uomo che spesso il lavoro di ortolano a Capo di Bove, nella campagna romana, teneva lontano da Pisoniano e dalla famiglia. In più un incidente sul lavoro lo tenne per lunghissimi mesi prima all'ospedale poi a letto lasciando un'invalidità permanente che ridusse molto la sua capacità motoria e lavorativa. Così ancora una volta la nonna si trovò a gestire la casa e i campi. Era una famiglia di comunisti schivi e tranquilli, rispettosi della tradizione in linea con la democrazia di Polibio, anche se ignoravano chi fosse, quella in cui vigevano «la venerazione degli dei, la cura per i genitori, il rispetto degli anziani, l'obbedienza alle leggi e in cui prevalga l'opinione della maggioranza» (su quest'ultima asserzione avrei qualche dubbio, perché a decidere era sempre lei). In questo ambiente terso e confinato conoscevo un altro mondo e altre storie, per esempio che non si dovevano esternare le proprie preferenze politiche o che i rapporti fra le persone, familiari compresi, pur fondati sulla difesa degli interessi, devono basarsi assai di più sul rispetto degli impegni assunti e della parola data. In assenza di ciò, si accendono guerre perenni *erga omnes* e non sempre silenziose. Così, senza volerlo, mi trovavo mio malgrado schierato. Non ho potuto conoscere per intero tutto il parentame della mamma. Non è un rammarico, perché sarebbero stati tanti, troppi nomi e situazioni da rammentare. In quelle giornate la nonna, a sera, seduta sulla sua sedia al bordo di via Secondo Bernardini a "capare" i fagioli, mi delineava i profili di coloro che passavano e con i quali scambiava saluti e parole. Così apprendevo le storie di vita e dei figli magari opportunamente romanzate, comprese le sue idiosincrasie verso il cinema o la televisione o le banane che non aveva mai voluto vedere né mangiare in quanto estranee alla sua vita e al suo mondo. Più mitigata, benché fosse analfabeta, era l'avversione nei riguardi dei libri, che comunque in casa aveva visto circolare, sicuramente quelli scolastici...i figli in qualche modo avevano frequentato le elementari. Solo la figlia femmina era stata fermata alla seconda elementare per seguire la mamma nei lavori della campagna e di casa. Quando, ormai adolescente, mi presentavo da lei con il mio libro di lettura sotto il braccio e venivo redarguito dall'altro mio zio (magari perché trattava di Marx o di politica) con epiteti di "Abissino" o "Zingaro" (alla faccia, poi si dice che gli italiani non fossero/sono xenofobi), la nonna con segni del capo mi invitava a non curarmi di lui e così ho fatto.

La nonna era di poche parole e quando non bastavano ci faceva sentire i frizzi dei sarmenti della vite sui polpacci come avvenne una volta quando, seguendola in campagna insieme ai miei cugini, la vedemmo fermarsi e dopo un po', notammo che da sotto il lungo abito scorreva un rivolo liquido di urina. Ridemmo. "Hihiihi, la nonna piscia come i cavalli e non porta le mutande, hihihi", tramutato subito in ahi ahi! ma perché? Ahuhuuu, quindi sigh sigh con grande fuggi fuggi.

«*L'omo de vino non vale un quattrino*»

Quante volte ho sentito mia madre rivolgere a mio padre questa lamentazione con il tono, a seconda dei casi, di un rinfaccio, quasi a umiliarlo, o di un' amara constatazione della scelta da lei fatta, o ancora dell'arrendevolezza di fronte alle avversità quando il vino diventava protagonista (una sorta di droga) della disfatta. Debbo dire che per lui il legame con il vino soprattutto, ma in generale con l'alcol, è sempre stato forte: una presenza quotidiana che l'accompagnava nelle diverse incombenze del lavoro, del mangiare...ma anche fuori. Si poteva dire che in questo ambito lui e il vino fossero entità inscindibili: gli occhi scuri gli si illuminavano e diventava euforico, un godimento unico che allietava la bocca, lo stomaco e il sistema nervoso. Amava più di tutti quello che si produceva nel suo paese, non perché fosse un fine intenditore, ma per partito preso tanto che fino alla sua morte ha continuato a bere il vino paesano che ordinava e faceva venire dalla cantina del "compare". Si trattava di bianchi, ambrati e secchi, provenienti da uve bellone, cesanesi e ottonesi, anche mischiate, che per definizione erano superiori a tutti i vini italiani. Aborriva il vino rosso e dolce, ma in stato di necessità beveva anche questi. Un atteggiamento il suo che spesso ci portava a questionare ma, "essendo uomo di mondo", era irremovibile. Però non incrollabile, tanto che nei periodi (pochi) che soggiornava da me beveva a profluvi chianti classico, che poi gli generava acidità di stomaco...figurarsi se non gliela avesse generata! Spesso il suo bere arrivava fino all'ubriachezza e allora si scatenavano liti efferate che ci davano sensazioni di continuità, di un filo ininterrotto che ci riconnetteva con l'infanzia e l'adolescenza. Lui naturalmente aveva sempre la peggio nel senso che, afferrato per il bavero della giacca, riceveva qualche scrollata accompagnata gridando da un paio di ceffoni, con un finalino in cui lo si indirizzava verso il letto con gli improperi del caso. Nei flash back ritrovo mia madre che mi ordina di andare a cercare quel "porco di tuo padre" ché la cena è pronta. Mi precipito verso "i' burgu", entro all'osteria dove lo trovo, un po' alticcio, mentre gioca alle carte e lui, senza distogliere lo sguardo, mi dice che verrà non appena sarà finita la partita. Un tavolo di quattro giocatori, ognuno con il rispettivo bicchiere, che a briscola, a tressette o a scopa si giocano qualche litro di vino; in fondo, se pensiamo all'oggi con i suoi giochi e scommesse, possiamo dire che quelli erano innocenti. Tornavo a casa e si mangiava ma lui non rientrava che a notte fonda, ubriaco e perciò vulnerabile alle sfuriate della moglie che tuttavia potevano anche appianarsi con qualche gesto di tenerezza (si fa per dire) oppure esacerbarsi violentemente interrompendoci pure il sonno. Rammento di una volta in cui fui svegliato dalle urla di mia madre: vidi mio padre che stava urinando in camera dentro un paio di scarpe, la qual cosa ai miei occhi non appariva drammatica, pensavo solo ad un'abbreviazione del tragitto rispetto al cesso. Non lo fu per mia madre, che sull'episodio (non credo sia stato l'unico) tornò ripetutamente anche con le cognate, quasi a dimostrazione della sua croce. Del resto il legame di mio padre con l'osteria era ombelicale e veniva vivificato nei momenti liberi, così che in alcuni periodi, lui e il vino erano legati tanto quanto all'andamento del tempo e della domanda. Nel lavoro mio padre era assai apprezzato sia nello scasso, per la mole di lavoro che "smaltiva", che nell'uso della zappa e della vanga. Nelle mie rare apparizioni sulla sua scena lo sentivo ansimare per la fatica, lo vedevo grondante di sudore e sempre, al riparo dal sole, un fiasco di vino. È anche vero che c'era una conca con l'acqua...ma quella serviva solo a raffreddare la nuca o a lavarsi il viso e le labbra prima che si aprissero per accogliere il collo del fiasco o un gotto di vino.

La crisi e l'indigenza costrinsero mio padre al pendolarismo e al lavoro a Roma, di nuovo a scavare trincee per fogne, gas, elettricità, poi a fare la guardia notturna: situazioni che comportarono il distacco dal paese e dall'amata osteria che, però, continuò a perseguirci fino allo smaltimento del debito creato da mio padre negli anni a forza di perdere le *fojette* o decine di *tubbi* di vino. Abbandonare l'osteria ha significato lasciare la piacevolezza delle carte e degli amici, ma non quella del vino che, come le salmerie, lo seguirà sempre.

Scene oggi che divertono e suscitano tenerezza, in cui Pippo di nascosto beveva, smezzando le bottiglie di alcolici (non importa se bruno-carichi o bianchi), per poi riportale a livello con l'acqua. Scoprì il gioco la moglie, allorché in una cena offrì ai commensali i "digestivi": ci fu silenzio, solo che il solito giovanotto ne rilevò la stranezza in termini di gradazione e sapore. Altri convennero, arrivando a parlare di frodi alimentari, mentre la moglie attese al mattino il rientro dal lavoro del marito. Mai richiesta fu più perentoria: «hai bevuto tu il cognac e rabboccato la bottiglia con l'acqua?». Nel tentare una risposta sento imbarazzo, punti di sospensione e mah...sì, però la colpa è tua che mi vieti di bere ecc. Urla e improperi di rito sull'uomo e la sua genìa e anche un sonoro ceffone che non guasta. Verranno controllate tutte le bottiglie e quelle intonse poste sotto chiave. Ma col tempo il nostro riuscirà ad aprire quel forziere e le bottiglie si ritroveranno con il loro estimatore.

Rosina, la mula

Il ricordo non è più vivo, come del resto l'animale. Non ci aiuta il tempo e lo spazio, allora assai angusto, dove incontravo la Rosina, la morosa di casa degna delle cure e considerazioni dei giovani, ragazzi e padri: proprio come in guerra, quando gli alpini raccontavano le prodezze, la dedizione di questi mammiferi verso l'uomo, l'armato che abusava di loro, della loro pazienza e sobrietà. Rosina, la nostra Rosy (Rosie) con la ypsilon o senza (forse un omaggio alla moda americaneggiante di troncare i nomi tanto familiare nella vita di Babbo), si connotava per la testardaggine, ma io non ricordo che fosse questo l'*imprinting*: le poche volte che si impuntava, magari perché il guidatore le aveva fatto uno sgarbo, bastava una carezza o poche parole dette con voce suadente per renderla docile, obbediente; in questo i ragazzi erano maestri, mentre i grandi troppo spesso ne deficitavano e allora facevano partire sferzate o cazzotti sul collo ridotto. La Rosie, insieme alle donne, era il primo motore della casa. La sua

125

importanza nell'economia familiare era tutta legata non solo alle possibilità di trasportare pesi rilevanti per lunghi tragitti e alla bisogna in luoghi e zone fortemente accidentate, ma anche ai "bassi" costi di gestione che comprendevano il sostentamento e il maniscalco. I campi erano distanti dal paese e dalla cantina e per di più una buona parte del percorso era appunto a mulattiera con ciottoli, pietre e rivoli d'acqua: ciò la rendeva l'unico e sostenibile mezzo di trasporto per uve, olive, attrezzi, vino, fieno...cristiani, insomma un fuoristrada furgonato *ante litteram* soprattutto per noi giovani, che ci negavamo volentieri i piaceri della marcia e dell'inciampo con cadute, sbucciature e il conseguente *refrain* di lamenti e pianti. Ricordo ancora zio Peppe che, all'ultimo filo del buio, inciampò cadendo in una profferta d'amore verso il padre eterno, per fortuna subito smorzata dalla premurosa sorella. Già, per quelle vie ci voleva proprio un bel moccolo per rimanere illesi. Rosie era una sorta di *passe partout* per le diverse esigenze o necessità. Il manto baio non era certo vistoso diversamente dal muso e dalle orecchie prominenti; era una gigante di circa 400 kg che Babbo aveva comprato 10 anni prima alla fiera di santa Anatolia, patrona di Gerano, che tuttora si svolge il 9 e 10 luglio nel Prato che precede il paese. Si tratta di una fiera di merci e bestiame dove anch'io andai più di una volta quand'ero bambino per vedere animali, praticare giochi, scoprire gli zingari e magari mangiare. Si tornava a casa in genere con alcuni pulcini e con un "porchittu" da mettere nella stalla proprio adiacente a quella della mula, che avrebbe avuto per alcuni mesi un compagno caciarone e scorbutico. Rosina, la nostra Rosie, veniva accudita in genere dai grandi; a noi al massimo veniva concesso di darle il fieno, o metterle la sacca con la biada già preparata e porgerle qualche carruba che volentieri anche noi mangiavamo; e nei periodi di riposo la portavamo con la cavezza al paese o da Marcolino, il maniscalco, per rivedere lo stato delle zampe e degli zoccoli effettuare le ferrature, il pareggio ecc. La bottega di Marcolino era quanto più di interessante si possa immaginare: vi predominavano buio, puzzo di unghia bruciata e mosche, poi una forgia, un tronco sormontato da un'incudine e contornato da mazze, martelli, tenaglie, pinze e tanti chiodi. Lui, per la posizione lavorativa assunta nel tempo, aveva il tronco del corpo completamente piegato in avanti, fino a formare con le gambe e il bacino un angolo a 90°...qualcuno mi disse che alla sua morte, per poterlo mettere nella bara, fu necessario "segarlo". Questa sua "deformità" costitutiva per noi motivo di scherno, che lui volentieri ricambiava con lanci di ferri e attrezzi vari nei nostri confronti. Insomma non condividevamo la raccomandazione della nonna devota "guardati dai segnati da Dio!", chissà perché poi segnati anche dallo spregio della chiesa. Mah. La scena più interessante era la "vestizione" di Rosina, un vero e proprio rito fatto di movimenti e oggetti da sistemare sul mulo previa sua annusata. Si iniziava dalla testiera e a seguire la gualdrappa (sottosella) sulla groppa, su cui si poneva la sella fissata con le cinghie del sottopancia; infine la coda nel sottocoda poi fissato alla sella...il tutto messo secondo la regola di evitare cadute o provocare irritazioni, galle, ferite all'animale, cioè facendo scivolare il vestimento "secondo il verso del pelo", che poi è diventato un modo di dire per gli atteggiamenti demagogici. Subito dopo venivano agganciati ai lati i bigonci di legno vuoti (o con attrezzi vari e cibarie), la cupella di vino e finalmente si saliva. La guida era assicurata dai grandi che segnavano il tragitto e le soste a Rosina, che spesso si distraeva per annusare qualche "pisciatella", un fogliame, una zolla di verde o per evitare i cigli o di scapicollare in qualche dirupo. Arrivati e scaricato l'animale, ne diventavo il signore: la portavo a bere secondo il rito dei piccoli sorsi ripetuti, poi la legavo all'albero lasciando che brucasse tranquillamente. Se era sudata o sporca, la liberavo dei "vestiti", la pulivo e le lisciavo il pelo. Sicuramente è rimasto fra i migliori ricordi della mia infanzia questo contatto con un animale particolare ed unico, che non avrei più incontrato nella mia vita cittadina e cardipendente. Aveva allora superato i due lustri e possedeva un fiuto e un senso del dovere non comparabili con quelli degli uomini e fu così fino a quando il padrone, già bracciante, terminò anche l'esperienza di "coltivatore diretto". Le gelate del '54 e '55 gettarono sul lastrico la famiglia e così anche la Rosy passò di mano, venduta, e da allora non ne seppi più niente. Chiedevo notizie alla mamma, ma mi rimanevano solo silenzi o inviti a pensare ad altro, mentre continuavo a interrogarmi se avrebbe conservato la sua alterigia, o ad accarezzare il ricordo delle mie sgridate che seguivano le paure provocate dai suoi improvvisi cambiamenti di passo, per seguire qualcuno, o ancora quando rifiutava di essere montata. Ma su tutto prevaleva il senso di vuoto e di inutilità per assenza di *negotium* e di sintonia, o almeno così cerco oggi di decrittare le amarezze di quel distacco reso ancor più malinconico dall'immagine degli stessi bigonci, ormai vuoti e puzzolenti, con i cerchi scivolati a terra (quasi un alzare le mani in segno di resa) e le doghe sconnesse e la stessa cupella, inchiodata al muro, è diventata ormai un oggetto d'arredamento. Scene tipiche di un mondo contadino destinato a morire, anche se in seguito risorgerà (ma sarà tutt'altra cosa dalla sua originaria primitivité, naïvété, ruralité, rusticité, vintagé). Testona mia.

Pietà l'è(ra) morta

Pippo non ha mai raccontato le sue vicissitudini di guerriero: qualche notizia è emersa quando nominava un conoscente, o richiamava un compagno d'armi, o un'azione, ma nulla di più. Questo impedisce una resocontazione puntuale dei fatti da lui vissuti, tuttavia rimangono in piedi alcune sensazioni scaturite dalle sue reazioni di fronte alla guerra e ai fatti di sangue. Pippo non amava il cinema e ricordo sulla dita di una mano le volte che lo convincemmo a seguirci. Una di queste fu alla proiezione del film *Italiani brava gente* sulle vicissitudini di un battaglione italiano nella campagna di Russia: ebbene, neanche alla metà del primo tempo, Pippo uscì dal cinema e non volle rientrarci. Tanti e tali erano i ricordi richiamati alla memoria che decise fosse meglio lasciarli giacere là dove si trovavano.

Siamo nel 1964, anno fatale per me: la morte di Babbo e subito dopo di Togliatti con il seguito di riti e discorsi che, debbo dire, mi presero molto. Tutte quelle bandiere sventolate da gente che piangeva, tanti a pugno levato o che si segnavano la croce, promettendosi continuità di percorsi e di rinnovata adesione al cambiamento dell'Italia, tutto questo mi colpì segnando le successive mie scelte. La mamma diceva che eravamo comunisti "fatti con lo stampino", una sorta di *imprinting* familiare, e perciò difficile da espungere e discutere. Per me l'adesione al PCI fu la decisione post funerea e l'entrata in sezione, la scoperta entusiasmante di quei linguaggi e ingranaggi...e poi le manifestazioni. Vuoi mettere andare in piazza per manifestare i tuoi dinieghi, le incazzature, le tue ragioni, le tue richieste...? O manifestare per Lumumba, per la scuola pubblica, per Cuba, per il Vietnam? Poi la cultura, le conferenze al circolo di Monteverde Nuovo quando a presiederlo vi era Ernesto De Martino, sono tutti *steps* che accompagnarono la mia crescita e aprirono problemi con la scuola e i genitori. Le guerre in famiglia erano ben più sopportabili rispetto a quelle in atto nel mondo, fredde e calde che fossero, e che rendevano più infuocati i dibattiti e le divisioni. Furono periodi di scontri con gli *apparatkichi* e i dirigenti sulla politica internazionale e su alcune scelte interne, con approdi spesso in "attività frazionistiche", estremismo alias infantilismo piccolo-borghese, consistenti in noiose letture corali del *Manifesto* di Marx e Engels, di *Stato e rivoluzione* di Lenin, o di quella sorta di versetti da catechesi del *Libretto rosso* di Mao Zetong. Altrimenti ci impegnavamo in riunioni con formazioni pseudo operaistiche, filo cinesi, troskiste, esponendoci ai relativi processi nei comitati direttivi per frazionismo, cui seguiva in genere una sospensione dalla carica, spesso però superata da impegni impellenti, come l'attacchinaggio dei manifesti, la diffusione domenicale de "l'Unità" e il proposito di rintuzzare "la canea fascista". L'attività, pressoché notturna, non era apprezzata dalla mamma che vedeva vuoto il desco del figlio (e a volte pure quello del fratello subito più piccolo) né dal padre, che paventava che questo "*totus politicus* alla carbonara" potesse nuocere al suo lavoro, sottoposto come era a una Associazione parafascista. Ma certamente era apprezzata dal sottoscritto, che abbandonò la scuola industriale per gettarsi nella "grande" filosofia e nei lavori rabberciati, al nero e precari: fioraio, barista, levatore di punti metallici (a cottimo) alla *Storia della resistenza* di Secchia e Frassati, commesso libraio e dispensatore di ripetizioni a giovani più in difficoltà di lui. La cifra politica lo condusse ad avere qualche responsabilità nella sezione, facendola diventare un centro di incontro e di aggregazione di giovani e stimolandone interessi culturali oltre, ovviamente, a continuare a svolgere le normali funzioni "antifasciste *and* rivoluzionarie", vale a dire attaccare i manifesti, costruire palchi per i comizi, volantinare il quartiere e diffondere l'immancabile "l'Unità". Il circolo Portuense Villini arrivò ad avere più di 250 iscritti alla FGCI.

Poi ci fu Firenze, ma questa è tutta un'altra narrazione.

Continuo con Primo Levi a chiedermi:

«Dove siete, partigia di tutte le valli,
Tarzan, Riccio, Sparviero, Saetta, Ulisse?
Molti dormono in tombe decorose,
quelli restano hanno i capelli bianchi
e raccontano ai figli dei figli
come, al tempo remoto delle certezze,
hanno rotto l'assedio dei tedeschi

là dove adesso che

sale la seggiovia.

Alcuni comprano e vendono terreni,

altri rosicchiano la pensione dell'Inps

o si raggrinzano negli enti locali.

In piedi, vecchi: per noi non c'è congedo.

Ritroviamoci. Ritorniamo in montagna,

lenti, ansanti, con le ginocchia legate,

con molti inverni nel filo della schiena.

Il pendio del sentiero ci sarà duro,

ci sarà duro il giaciglio, duro il pane.

Ci guarderemo senza riconoscerci,

diffidenti l'uno dell'altro, queruli, ombrosi.

Come allora, staremo di sentinella

perché nell'alba non ci sorprenda il nemico.

Quale nemico? Ognuno è nemico di ognuno,

spaccato ognuno dalla sua propria frontiera,

la mano destra nemica della sinistra.

In piedi, vecchi, nemici di voi stessi:

La nostra guerra non è mai finita».

(23 luglio 1981)

Presto in fiera e tardi in battaglia

Spesso mi è stato ripetuto, per farmi superare l'indolenza propria di un sonno non finito (ma quando mai ciò non si verifica?) o di una sveglia repentina, se non violenta..."presto in fiera", questo lo capisco, anche se non devo presiedere a nessuna fiera, che fa il paio con l'altro del "chi dorme non piglia pesci"; ma il "tardi in battaglia", dato che viviamo in ("apparente") pace, l'ho capito sempre poco, a meno che per battaglia non si intendano tutte le incombenze della giornata, dalla colazione al lavoro fino a che non si ritorni a letto...per dormire, perché anche l'amore può essere un campo di battaglia con le sue armi e divisioni. Il detto naturalmente richiama al periodo bellico e il suo uso si perde nei meandri dei commerci e delle guerre, il Varrini ne registra la versione di presto alla fiera, tardi alla guerra, insieme a un'altra che specifica come «in guerra, nella caccia, e negl'amori: per un piacer mille dolori». Accidenti al dispiacere che si provava a lasciare il letto, il caldo e gli ultimi pensieri sognati per seguire quella cazzo di fiera, che poi non era altro, a seconda dei casi, che andare in campagna, lavare i piatti, andare con la conca a prendere l'acqua o andare dal pizzicarolo a comprare pane e companatico per la colazione. Chissà perché si diceva pane e companatico quando nel com(pana)tico c'era già il pane. «Vai a comprare il companatico!» Ma c'era un'altra battuta più violenta per come era profferita, che rinviava al sudore e alla fatica della terra: «Bruttodio a te e nonnetò, che da tre ore stavi a zappa'» (accidenti a te e a tuo nonno, perché avresti fatto già tre ore di lavoro alla zappa). Al di là del richiamo alle primissime luci dell'alba se non alla declinante (?) notte, nonché alla distanza fra casa e campi di lavoro, la battuta indica nel nonno il responsabile dell'abbandono della campagna per la città, avvenuta dopo che per due anni i raccolti furono inficiati dalle avverse condizioni climatiche. Insomma la miseria come "motore" del cambiamento di luoghi, usi e costumi in vista di un agognato stare bene, che coincideva con un lavoro e quanto necessario per tirare avanti la baracca. A seguito di questa ripetuta interiezione/maledizione, Pippo fu per tutti rinominato "Bruttodio".

"O toscano come va? Si 'hampa"

Così scimmiottava rassegnato il suocero Rocco, uno dei motivi sentiti e in qualche modo appresi in quell'humus di uomini, lingue e speranze che è stata la trincea, ma non prima di essersi esercitato in una smorfia alla ricerca della c aspirata. E mentre il motivo si insinuava fra i pochi pensieri del mattino provocando un sorriso appena accennato, la corriera lo conduceva al suo lavoro di stradino "a giornata" come a giornata saranno i lavori per la rete fognaria o per le condutture del gas di Roma. Erano gli anni dell'espansione della città con l'abnorme crescita delle zone periferiche, quasi un preludio del nuovo sacco di Roma dove gli odierni lanzichenecchi, costruendo, bruciavano ettari su ettari della rigogliosa campagna romana ricca di vestigia. Ma allora chi aveva il coraggio di inveire sui palazzinari o sulla crescita per fermare l'urbanizzazione?

Caterve di contadini spiantati vedevano in Roma, città sovrana della politica e dei servizi, l'occasione per mutare la condizione propria e delle loro famiglie. Fu un periodo di forte crescita economica e del Pil, sostenuta dall'emigrazione e proletarizzazione delle masse rurali. Il boom economico era l'espressione del "neocapitalismo", salutato dalla scolastica marxista come l'avvento trionfale delle macchine e della lotta di classe, con una classe operaia finalmente organizzata e in grado di assolvere alla sua missione storica, palingenetica, sulla società tutta. Nascevano e si diffondevano beni di consumo inusitati e così saliva la qualità della vita. Anche la critica da sinistra all'aggressività e voracità del capitalismo risultava in qualche modo smorzata da una politica che assecondava il proletariato urbanizzato nella ricerca di un tenore di vita adeguato nelle sue espressioni logistiche, abitative, culturali. La battuta che circolava fra gli irriducibili e i puri era che Togliatti aveva dato agli italiani il frigorifero e la televisione, nuovo *oppio dei popoli*, rinunciando definitivamente alla trasformazione in senso socialistico della società italiana ma, al di là della bontà o meno di simili affermazioni, mi limito semplicemente a registrarle. Il nostro arrivo a Centocelle in un condominio tutto da costruire e in assenza di strade asfaltate dava alla scena i contorni della precarietà, oltre che della miseria. Poi però fu il trionfo degli acquisti a rate di tutti i generi di consumo non effimero, come il ricordato frigidaire, la televisione...infine la macchina nella versione 1100...Pacchi di cambiali giravano per la casa insieme alle recriminazioni per il loro pagamento alla scadenza mensile. Sì, proprio accidenti al nonno (Babbo), verrebbe da ribadire. Che fra l'altro soggiornò nel disadorno appartamento di via delle Rose a Centocelle. Ma nessuno, allora, ebbe l'azzardo di profferire la maledizione del contadino *malgré soi* fattosi cittadino. Figuriamoci i nipoti, che di quella mancata goduria non avevano mai sentito la mancanza. Proseguivano negli studi fino alla fatidica V^a elementare. Degli intellettuali, insomma. Senza contare che il più grande di loro, non ancora licenziato, già faceva il "ragazzo spazzola" in una barberia, perfezionatosi poi al

Diurno della stazione Termini nelle funzioni di barba, shampoo, capelli e, naturalmente, spazzola. Insomma siamo ancora in pieno neorealismo, nei *dominions* dei "professor Nerucci" per via della predominanza del nero, della tetraggine e del continuiamo a farci del male, compagni. Una situazione importata para para dal (iper) realismo stalinista, dove l'uomo "nuovo" (*sic!*) era tutto partito, costruttore/demiurgo del mondo e delle coscienze, dominatore della natura e delle macchine e con *du'marroni*...no, di questi particolari non si doveva parlare, né tantomeno si potevano mostrare. Uomini e donne giganteggiavano con le loro forme abnormi, tanto che pensavo di essere in uno dei viaggi di Gulliver. Ricordo che cercai di fare un confronto fra la circonferenza della mia pancia e il braccio del *Partigiano ferito* di Mazzacurati (che era alla scuola di partito delle Frattocchie vicino a Roma) o con i tempratori dell'acciaio di Ostrovskij, belli e virtuosi fino a doverne assumere la distanza. Un altro figlio (che poi sarei io) finì al collegio per studiare e diventare, sul campo, esemplificazione dell'ascensore sociale: solo che, invece della scuola media, frequentò l'Avviamento industriale, che doveva appunto servire ad inserire i giovani subalterni direttamente nel mondo della fabbrica. Su come ciò dovesse avvenire, ancora oggi a distanza di mezzo secolo dalla sua soppressione, non è dato sapere...vorrà dire che dovrò morire con il dilemma in capo. La figlia andò "ad imparare" da una sarta, un altro figlio a fare il macellaio. Ah, dimenticavo che, a proposito di "lavoratori precoci", si trattava di rapporti di lavoro rigorosamente in nero. E in tutto questo non sono mai riuscito a farmi ragione della durezza della vita del bracciante...l'immagine non poteva che essere avvicinata a quella del minatore, uno schiavo.

c.55r

Bbona fame del '44 (nel senso del 1944)

Era un reiterato richiamo e insieme una minaccia, quasi ad augurarsi un ritorno a un periodo di occupazione del territorio nazionale ad opera dei nazifascisti, di guerra guerreggiata, di abbandono delle campagne, di penuria di viveri e del pane, e di vera e propria fame soprattutto nelle realtà cittadine con tutte le conseguenze delineate dalla cronaca, dalla letteratura e dal cinema, quando azzardavamo qualche rilievo o critica a quello che offriva il desco. Gli sforzi della mamma erano sovrumani: nonostante 5 figli e un misero stipendio con cui far fronte a tutte le incombenze della (pochissima dolce) vita romana, il menù era assai vario con fagioli, inviati periodicamente dal nonno materno, presenti tre/quattro giorni alla settimana mentre nei restanti c'erano pane e pasta e la domenica un ragù con carne macinata, nel quale mamma affogava le sue fettuccine tirate con il mattarello. Operosa e degna cuoca di sfiziosi piatti - del resto come poteva essere diversamente? -, le sue paste e fagioli, le melanzane e le zucchine ripiene, i ravioli, i fagioli con le cotiche, le carbonare, i ragù...e via ingrassando, avevano il difetto di essere non solo ripetitivi ma insistenti, e se qualche volta mi capitava di stigmatizzare il cibo ecco che scattava il grugnito minaccioso della "bbona fame...". Solo che la nostra non era fame, quanto un guaito di variazione del menù e del...godere. Ma le risorse erano quelle e al lavoro c'era un sol uomo. Naturalmente con il tempo e il boom economico, i figli cominciarono a portare a casa qualche soldino che rese sopportabile il cambiamento anche nel menù ad opera soprattutto del Mercato di Piazza Vittorio che, oltre ai vestiti, offriva il pollame e lo spezzatino di manzo. Con il passare del tempo quella cucina rimediata è diventata ricercata per la sua unicità, gusti, colori e il suo calore, un festival di sapori divenuto parte integrante della mia vita. Aspetti che sopravanzavano, e di molto, la retorica sulla dieta mediterranea, sulla quale gigioneggia più di uno chef di grido. Insomma gli ingredienti c'erano tutti: la (mamma, la famiglia se non unita) ritrovata, la genuinità dei prodotti, lo spirito identitario, la solidarietà dei poveri. Ma fu solo un breve periodo, interrotto dal sopravanzare dell'offerta industriale, cioè dalla disponibilità illimitata dei prodotti, confezionati con eleganza, conveniente prezzo di vendita...ma di discutibile qualità che in diversi casi rasenta l'insalubrità.

Anche oggi, dopo i figli, mi capita di rilanciare questa minaccia verso i nipoti che deviati dai prodotti ultracalorici pubblicizzati dalla televisione, rifiutano le mie sapide pietanze: "Bbona fame del '44", ormai un'imprecazione privata dei contesti è diventata incomprensibile, tanto che qualcuno chiede cosa c'incastri la linea del bus n.44 con il mangiare!

c.56r
Vita del beato porco

Una sorta di ossimoro che veniva lanciato per ribadire alcuni comportamenti legati all'assenza di operosità, ma al tempo stesso un simbolo di leccornìe, sfizi e vizi (si fa per dire). L'immagine, ancorché diffusa, è più figurata che reale, figlia dei *cartoons* alla Walt Disney, in cui si dipinge un maialino rosa che razzola libero nei boschi all'insegna del gioco, mangiando castagne, ghiande e si rotola nell'acqua. La realtà invece lo vede intento a mangiare e a lenire le proprie sofferenze, al fine di crescere per riempire le saccocce del padrone di ottima carne o di denari. È un destino crudele che non legittima il detto e che andrebbe casomai sostituito da aggettivazioni tipo "disgraziata vita...sventurata, penosa ecc". Questo comunque era il modo in cui venivo apostrofato nei momenti di relax dopo le attività postprandiali o quando ero disoccupato e devo dire che, ancorché scontato, mi recava piacere quella sorta di richiamo all'*otium* e al maiale al quale devo, per larga parte, la mia crescita esponenziale.

c.56v
"*Á belli capelli*"

Pippo, rispetto ai suoi fratelli, aveva presentato una precoce calvizie imputabile, secondo lui, all'uso dell'elmetto durante il suo decennale periodo di militare alle dipendenze di Mascellone. Avevo visto foto dove appariva con una folta capigliatura riccia e l'immancabile pipa (che lui chiamava Pippa, forse anticipando la Middleton, chissà), mentre successivamente sulla sua "crapa pelata" era rimasta solo una lobbia che lasciava visibile la corona ippocratica e che lui ostinatamente si faceva rassettare. Mai accettò di farsela rasare, ma solo di tenerla sotto controllo onde evitare possibili "acconciature a corona" o i tremendi riporti. Ma siccome il taglio riguardava una superficie tutto sommato ridotta per cui non voleva far arricchire il barbiere, aveva sancito che a farglielo fosse il figlio maggiore, quello che nella preadolescenza si era appunto esercitato in tale professione. Il rito si consumava periodicamente nel bagno la domenica mattina, ogni volta accompagnato dagli improperi della moglie, cui spettava spazzar via i residui sul pavimento emigrati anche nel corridoio. Questa dei capelli costituiva la sua *defaillance*, o almeno così io leggevo quella sua ostinazione nel farci tagliare i capelli all'umberta e mai alla mascagna, come i suoi fratelli. Del resto noi decisamente dovevamo essere sudditi di Umberto di Savoia, visti i frequenti ricorsi ai trattamenti per la pediculosi: quando apparivano gli animaletti, il nostro scalpo veniva cosparso di petrolio e l'attesa era lunga prima di procedere al lavaggio. Un afrore che ancora mi perseguita. Figurarsi le liti con Pippo e le lotte all'ultimo...capello quando io e mio fratello diventammo capelloni! Gli davamo dell'invidioso, lui calvo, come risposta alle sue minacce e botte.

(Fin qui il quaderno, e come finalino questo epitaffio finale un po' inquietante, direi, *ndc*)

c.57r
«A modo suo era un grand'uomo... Ma che importa quello che si dice di un morto?».
Tanya (Marlene Dietrich) a proposito di Hank Quinlan (Orson Welles)

Sviluppo

Finalmente, terminata la lettura del quaderno, getto uno sguardo verso la scrivania di Mara cercando di ricevere qualche input, un cenno di disponibilità al dialogo, o almeno un sostegno a tutte le reazioni che queste pagine di quaderno mi stanno suscitando anche nella tremebonda ipotesi di parlarne appunto con lei. Per alcuni versi mi sembra di poter seguire le asserzioni dell'estensore sul senso dello scritto all'interno di una realtà frammentata e, più che lontana, allontanata, fatta di episodi rivisitati attraverso le lenti del ricordo tuttora ben piantati, se pur polemicamente, nel nostro orizzonte culturale. In questo senso mi sembra che sia un testo di frontiera, un ibrido che si muove con disinvoltura tra il racconto e il ricordo, magari opportunamente vivificato. Sono interdetto, con più di un dubbio sull'efficacia di questo approccio e soprattutto sugli obiettivi, che non possono essere quelli di una banale riproposizione di narrazioni conosciute, un peana sulla memoria, o una critica del presente. Anche perché, se fossero stati questi gli obiettivi, il testo doveva essere altrimenti articolato, almeno mi pare; infine mi sfugge la conclusione. Magari non era chiara neppure a lui altrimenti non la cercava, oppure nella fretta di andare via ha pensato che fosse meglio interrompere.

Incasinato fra questi pensieri, vedo che Mara non è nella sua postazione, per cui rimetto il quaderno sulla sua scrivania ed esco. Ormai sono le 12,30 e qualcosa mi dice che debbo provvedere alla mia mente mediana e perciò comincio a pregustare qualche sapore sopraffino trasmessomi dal narratore: che so, una porzione di fagioli all'uccelletto o una penne all'arrabbiata, ma dove? La Biblioteca è contornata da bar che offrono tutt'altro: panini in tutte le salse, insalatine, primi piatti...sì vabbè, ma nessuno offre fagioli, nemmeno come idea. Con questa rabbia nel corpo, mi avvio alla Kebaberia per un panino fatto "con l'acqua del Nilo", ben condito, ma accompagnato da un bicchiere d'acqua, liquida proprio come il nostro mondo baumaniano, eliso della tradizione.

Mangio con una certa voracità, tanto che sono risospinto a chiederne un altro ma non lo faccio, e mi dico che devo tornare in biblioteca per parlare con Mara. Esco salutando il kebabbaro e mi trovo in mezzo a una pioggia insistita. Privo di ombrello, ma non del pakistano, che subito te lo offre a 10 euro, contrattazione di rito e a 5 euro lo acquisto; aprendolo, mi scopro coperto da un bel rosso a pois e in qualche modo mi riparo dalla pioggia. Richiudo il parapioggia *made in China* e salgo i tre piani di scale, respiri corti e affannosi danno l'impressione di un pneumatico che sgonfia; entro in biblioteca, ripongo l'ombrello nel portaombrelli, mostro la tessera e ricevo la scheda d'ingresso dal custode, quindi vado verso la postazione di Mara che ancora non si vede. Aspetto, ma dopo una buona mezz'ora decido che forse è meglio tornare un altro giorno. Consegno la scheda e vedo che il mio ombrello è sparito. Reagisco di fronte a questo fatto di inusitata gravità e grido «chi è stato, *cui prodest*?». Denuncio al custode la cosa e lui scrollando le spalle e ghignando aggiunge «...e te pareva che mo' devo controlla' pure gli ombrelli, senti a coso buffo, chiama la polizia e lassame 'npace che cciò ben altro da fa'». Incasso, anche se mi verrebbe voglia di dargli un' ombrellata sul capo. Già, ma come faccio senza l'ombrello? Mentre rimugino sulla scostumatezza dei secondini dei libri e piango i miei cinque euro che potevano sfamarmi di un secondo panino e mezzo, sento una voce che mi chiama: «Ombrellatore», è Mara che, sentito l'alterco, mi invita nella sua stanza. Vanamente ho cercato di spiegarle la mia irritazione per il furto, visto che fra l'altro continua a piovere, «governo ladro»; e poi la zotichezza dei portantini agli ingressi.... Mi redarguisce, affermando che i custodi non sono poliziotti né investigatori a presidio degli oggetti dei lettori, per questi ci sono gli armadietti ecc.; infine, ribadisce, il prelievo di un ombrello non è un furto, ma una necessità per qualcuno di ripararsi ecc. Insomma il solito *politically correct* del dirigente "sotto schiaffo" dei prepotenti, che sembra arrivare a paragonare l'ombrello a un libro, *umbrella crossing*? Però a pensarci bene anche il libro ci ripara in qualche modo dalla pioggia mettendolo per esempio sulla testa...chissà se allora la scienza ivi contenuta non percoli nel cervello. Ma nelle diverse declinazioni il libro è un po' tutto: uno ben scritto ci aiuta a sfuggire il *cafonal* che ci affligge e avvolge, e ci ripara dai fiotti d'ignoranza che ci precipitano addosso, infine ci ridona i colori della vita. Mentre intercalo queste considerazioni mi scopro seduto e di fronte ho Mara che in questa luce mi sembra pure belloccia. Subito le resoconto della lettura del quaderno e le mie prime considerazioni.

«Non so come debba essere inquadrato e quindi letto questo testo: è opera scritta per raccontare una saga di famiglia, un'autobiografia, un racconto, un'antologia di fatti e accadimenti di una comunità...? nulla di ciò, ma direi piuttosto un coro di situazioni dell'io narrante». E lei «potresti essere meno criptico e parlarmi delle impressioni che ne hai avuto e soprattutto la sorte o la veste che dovremmo dargli?».

«Ho capito, voglio dire che non è una saga di una famiglia per quanto interessante possa essere, ma neanche un'autobiografia dell'autore e dei suoi perché, inizia e si conclude con gli episodi riferiti alla vita a San Vito Romano, quasi che la vita successiva non abbia episodi degni di nota per lui e la sua famiglia. Insomma mi sembra un po' limitato, a meno che non ci fosse, per l'autore, un'esigenza catartica, cioè una sorta di percorso a ritroso per rinvenire le proprie origini e tentare di dare un senso alle mostruosità odierne e fra queste, oltre alla caduta degli ideali, ci metterei il disinteresse per le questioni inerenti il vivere civile. Neppure penso che sia una guida per renderci virtuosi. Appurato ciò, direi che l'autore ci indica piuttosto una strada per ridare un senso al passato prossimo senza servirsi delle stantie gerarchie catto-comuniste, impraticabili nelle situazioni complesse e che mai hanno rappresentato la vieta realtà. Basterebbe pensare solo a come gli autodefinitesi campioni della libertà hanno frugato negli angoli dell'intimità del popolo o al ruolo riservato alle loro mogli, compagne e amanti. Piuttosto lo leggerei come un tentativo di dare una lettura diversa delle proprie origini, scarnificandone gli aspetti ridondanti, insomma un po' il lavoro di "riviera" che subivano le pelli tolte dagli animali ed essiccate e che, prima della loro trasformazione in cuoio, venivano fatte imbibire d'acqua per spurgarle, lavarle e ridistendere le fibre. Così intesa, mi sembra che ci possa essere un'indicazione di lavoro nel senso archeologico di riportare alla luce e aiutare a ritessere contesti e al tempo stesso *la mise en valeur* del protagonismo dei "semplici", della bassa forza che da sempre regge le sorti dell'Italia».

«Potrei aggiungere, data la solennità, perennità...de li mortacci tua. Per fare da *pendant* con il tuo dire leggermente aulico. Direi che un po' straparli e non sempre vuoi accogliere i distinguo tra i valori "perenni" di libertà, giustizia sociale ed etica da quelli transeunti legati ai traffici della quotidianità del "se la va, la va (bene)", del cercare di farla franca, dell'invocare lo stato di necessità, il compromesso al ribasso. Questo perché leggo nelle tue parole sentimenti diciamo così alti, come quello di riconsiderare i nostri legami con la memoria che non possono afferire ai "Rischiatutto" giornalieri, o che la politica attuale è sporca e disonesta mentre quella della Prima repubblica lo era meno perché retta da uomini, come direbbe Polibio, che l'avevano costruita e vissuta».

«Dato atto di ciò, non lo trovo convincente, in quanto dal mio punto di osservazione vedo che lo sforzo che fa l'autore sembra essere piuttosto volto verso il chiamarsi fuori, a dire guardate io sono così perché questi eccetera, hanno tradito i morti e le loro battaglie di libertà e democrazia. Facendoci poi sopra un corollario sul tipo dell'avvento della decrescita, più o meno gioiosa, o sul prossimo e probabile *default* del paese per rilanciare il rigore, la frugalità o la rivisitata autarchia, così unendosi al coro di tutti quelli che si sono spellate le mani ad applaudire l'intervista di Enrico Berlinguer a "La Repubblica" sull'austerità».

(Mara): «Piuttosto parlerei di *Tradimento dei chierici*; potrebbe trattarsi di un paragrafo aggiuntivo del libro di Benda nel senso che qui i chierici cantano le lodi di quello che doveva essere il contropotere delle masse operaie e contadine organiche al partito che le rappresenta; teorizzando l'uomo nuovo, l'avvento dell'etica marxista, della libertà in tutte le sue sfaccettature (meno quella dello "sfruttamento dell'uomo sull'uomo"), della fine del neocapitalismo e dell'Europa dei banchieri, dei monopoli, del consumo sfrenato della matrice terra. Per lungo tempo sono stata anche io una *clerc* vagante, un Ulisse senza Troia sotto la sferza dei marosi, ferita e acciaccata, ma con la convinzione di stare sulla rotta giusta mentre i chierici erano fermi, arroccati nelle loro cattedre o intenti al mercimonio contemporaneamente al partito che trafficava coi poteri. Si dice che è stato per necessità, di chi non è dato sapere, certamente non di quelli che fuori rumoreggiavano delle loro speranze e piaghe. Ci fu un periodo nel quale bisognava stringere i denti e resistere e che non si prestava ad essere attraversato da idee e strategie di innovazione, come quelle di un ripensamento delle esperienze socialdemocratiche (per es. tedesca e scandinava) e comuniste, entrambe deludenti o degenerate in tragedie come lo stalinismo, l'Ungheria, la rivoluzione culturale in Cina...Solo che successivamente sono diventate una cappa, tesa a conservare (loro dicevano preservare) il loro imperio sulle "masse incolte e preda dell'oscurantismo", mancando ai progetti di ampliamento delle libertà democratiche a Praga, nell'URSS, a Cuba e alle grandi conquiste civili come il divorzio, l'aborto in un quadro di repressione del dissenso interno. Si è dovuti arrivare agli anni Settanta/Ottanta per vedere riconosciuto il valore assoluto della democrazia e la fine dell'iconografia della Rivoluzione d'Ottobre o del bluff del Patto di Varsavia, fino a rimanere muti di fronte alla caduta del muro di Berlino, alla dissoluzione dell'impero sovietico e dei due blocchi eredità della Seconda Guerra mondiale: per assistere infine, per quanto riguarda l'Italia, alla dissoluzione dei partiti storici protagonisti della resistenza e alla nascita di partiti azienda, personali o *pout pourri,* che altro non sono che strumenti di arricchimento e di potere personale. Una mutazione genetica che ha portato alla ribalta *parvenus* privi della cultura del paese, pitocchi che orientano la loro cadrega e parola a oriente o a occidente a seconda di chi ha il banco. Dopo di che possono accedere nelle tribune televisive e dello scritto, nelle istituzioni a parlare di riforme, programmi, corsi, incuranti dei tagli alla cultura e alle aspettative di vita, proni al potere e pronti a recriminare le opinioni differenti e gridare alla lesa maestà, quindi attaccare fino a trapassare il corpo del nemico. Insomma chi era di sinistra oggi sostiene le tesi della destra più ottusa (v. l'emigrazione, il mercato e la finanza), o magari è finito a fare il portaborse di qualche ministro o sottosegretario. Il periodo aborrisce la memoria, particolarmente quella legata alla Resistenza, tanto che qualcuno in questi tempi di "riforme" - e mi pregio di ricordare il referendum "costituzionale"- ha avuto l'ardire di mettere in discussione la stessa esistenza dell'ANPI, in quanto associazione di partigiani vecchi o defunti, per via della posizione assunta contro le modifiche alla Costituzione del 1948 fatte dal duo Renzi-Verdini. Un cambiamento epocale, che dell'avversario vuole non solo lo scalpo ma la morte. Il miserabile approccio anti ANPI però non vale per le altre associazioni e fedi, come quella di venerare un Cristo morto da più di duemila anni rendendone vani o superflui vita e insegnamenti. Ma che razza di chierici sono questi! Quelli tradirono Dreyfuss, ma questi non sono altro che povere *silhouettes*». «Sono basito, e meno male che ero io l'aulico o lo sprezzatore. L'analisi che fai non è poi così distante dal mio modo di vedere la realtà o l'attualità del paese, ma la vorrei riportare sul testo che il fuggitivo ha reso sfuggente, almeno per ciò che riguarda gli obiettivi, sempre ammettendo che ne avesse qualcuno al momento della compitazione. Non sarà forse un caso che inopinatamente l'abbia interrotto e se ne sia andato quasi fosse vano insistere a mondare un paese con le istituzioni marce e privato della spina dorsale? Un segno di resa e una presa d'atto che i vinti non sono quelli che si erano schierati dalla parte sbagliata dopo l'8 settembre, come canzonettava Francesco De Gregori, bensì gli altri, i vincitori, che con entusiasmo e generosità si diedero la pena di ricostruire tale paese, di infondergli pace, democrazia e libertà, insomma di fatto le basi per avere giustizia sociale, sicurezza e welfare».

(Mara): «Forse vuoi dire che non si trattava di vincitori ma di sconfitti? E questo ad opera di tutti, compresi quelli che li dovevano rappresentare e sostenere, il che mi sembra troppo liquidatorio in un quadro di eccessiva semplificazione, quasi che questi settant'anni di storia abbiano complottato per farci finire in questa risacca ormai privata di capo e di coda. Le relative pezze a sostegno non possono essere le tragedie pilotate dai poteri occulti, ad iniziare da Milano, Brescia, Bologna...poi Gladio, P2, Moro, Dalla Chiesa, Borsellino, Trattativa stato-mafia, i vent'anni di Berlusconi, la guardia di finanza, Renzi, le banche o gli attacchi allo stato sociale, ai diritti e alla Costituzione operati in questi ultimi anni, mentre ne ascriverei le cause più interne alla sinistra e alle sue idiosincrasie, al *cupio dissolvi* che da sempre l'ha accompagnata. Una situazione che non ha trovato cantori vigili o disinteressati che ne mostrassero le criticità, denunciandone al tempo stesso gli interessi miserabili e particolari. Ma ritorniamo a noi e vediamo di concludere questa chiacchierata, perché ho incombenze fra cui chetare i portieri che lei ha apostrofato. Mi sembra che altro non possiamo aggiungere allo stato delle mie conoscenze, per esempio non conosciamo il "destino" degli altri attori della foto e specialmente delle due ragazze, ormai nonne, e forse pure defunte. Anche la versione che ricaviamo dal manoscritto riguarda in via esclusiva i rapporti all'interno della famiglia e le esperienze da questa vissute. Non molto per cercare di ricostruire il contesto nel quale si muovevano, seguire le vite, individuare i fatti e gli elementi della "macchina del fango" che si è mossa nei confronti della famiglia. Opterei per una pausa di riflessione ulteriore, anche se capisco che queste ricordanze potrebbero essere lasciate all'attacco dei microrganismi e della polvere e nel futuro senza memoria possano diventare delle fiabe, perciò...ci penserò. E chissà che tipo di interesse avrebbero mostrato quelle donne per le moderne fregnacce del *Fertilidy day* o delle quote rosa o sulla loro condizione. Probabilmente le vedrebbero come la solita fregatura del maschio che le invita a vedere la foglia mentre lascia fuori l'albero, cioè i contesti con le risorse necessarie per affrontare i problemi con l'obiettivo di portarli a soluzione. Accidenti se loro non erano fertili! Erano in grado di superare i 20 figli di Bach, ma in quali condizioni di vita e di salute!». Mi alzo e vado alla porta, fuori pioggerella, consegno la scheda alla maestà offesa che cerca di riprendere la discussione con le sue ragioni, lo guardo e me ne vado. Esco da Palazzo Mattei dalla parte di via dei Funari, ripensando al furto dell'ombrello, quando ecco che da via dei Delfini mi viene incontro il pakistano con la sua nenia ombrellifera, lo ringrazio, non ne ho bisogno, e vado verso la piazza e la fontana delle tartarughe. Rifletto un attimo sul monopolio degli ombrelli e sulla diffusione dei venditori...che siano loro i soggetti del furto del mio 5 euro? Con questo interrogativo in testa entro nel bar e mentre sto sorseggiando un caffè e rimirando per l'ultima volta la foto, una voce conosciuta mi distoglie, riconosco che è quella di Cesare; chioma biondo-chiaro quasi albina, camicia dipinta e numerosissime matite che pendono dal taschino ormai sformato, dilatato. Si tratta di matite acquerellabili *caran d'ache* che distribuisce alle ragazze secondo il loro colore preferito. Capello e incarnato con zone rosso melagrana, che hanno un *pendant* nei pantaloni e nelle scarpe addobbate con coriandoli a forma di stelline luccicanti. È intento a disegnare la sua opera tipo: la facciata di Santa Maria Maggiore in una varietà di contesti romani che donerà a qualche astante, oppure al barista o trattore di turno. È un architetto prestato alla pittura, che negli anni è diventato artefice, portatore di idee di valorizzazione del bene culturale e custode di multiformi manifestazioni e ricorrenze, *in primis* la nevicata a Santa Maria Maggiore del 5 agosto e le proiezioni a Porta San Paolo di film nei giorni dell'8 settembre e 25 aprile. Ci salutiamo e subito mi invita ad andare a mangiare insieme. Faccio una telefonata per disdire l'appuntamento per andare al cinema con Claudio a vedere *La grande bellezza*, non è una grande perdita, aggiungo, tanto che Cesare si sente autorizzato a puntualizzare che Roma non è così decrepita e cocainomane. Non avendo visto il film, lascio cadere e chiedo dove stasera si va a dannare la bestia setolosa. Al Portico di Ottavia, in un locale pieno di spuntini sfiziosi, ci ripassiamo con puntualità i progetti comuni che dobbiamo (*sic!*) realizzare; sempre gli stessi da anni, come quello dell'ascensore per il gruppo del Marc'Aurelio, allagare Piazza Navona, riaprire il circo Massimo (senza Charlton Heston) alle bighe, Le Ville del Tuscolo, Crustumerium nella via del sale, Gabi, o riportare la XIV Legione al Colosseo, insomma idee e sogni per una rinascita di Roma attendibile dal punto di vista della filologia giammai in versione Peplum. Ci lasciamo con le cose da fare e le persone da contattare, dai soprintendenti ai ministri fino ai carabinieri. Così è tutte le volte. Debbo dire che l'abbiamo pure fatto, ma non abbiamo ricevuto che disponibilità, senza che però sborsassero neppure un euro, altrimenti un diniego...meglio fare un grandioso progetto: vuoi mettere l'Ara Pacis di Veltroni-Meier, o l'espropriazione della tribuna al Marc'Aurelio in Campidoglio, o gli ascensori all'altare della Patria? Imperterriti, ce lo rinnovelliamo ogni volta che ci ritroviamo. Mah.

È tardi e corro via verso il sonno ristoratore.

Alla ricerca della Mara scappata

Con Angelo sono tornato in Biblioteca per indagare sulla scomparsa di Mara e accertare se da parte sua vi siano state richieste di ferie, di aspettativa con o senza retribuzione, lettere di dimissioni o qualche telefonata. La risposta è che nulla di tutto ciò "agli atti è stato verificato e che la biblioteca ha bisogno della sua opera in quanto è fra le ultime funzionarie in servizio". La risposta burocratica non ci risolve il busillis: Mara per loro è importante per il lavoro che svolgeva o perché è l'ultima funzionaria...che stia in questa affermazione la ragione del suo abbandono? Ma poi chi lo dice che questa scelta dipenda dal lavoro, dalla routine o dalla depressione, che sempre viene ricordata in casi come questo? Mentre rimugino sulla superficialità degli approcci, quasi una risposta, la più banale, alla paura che ci assale di fronte a scelte non concordate, condivise o informate, continuo a pensare a gesti irreparabili, irreversibili che fanno affiorare sensi di colpa, parole non dette, inviti disdettati fino al panico. Mentre affannato affretto il passo (correre per me è un verbo proibito) per raggiungere Lele, l'altro fratello di Mara, ripercorro i miei incontri con lei, cercando di capire se fra le notizie e argomentazioni che ha fornito ci possa essere qualche indicazione o riferimento ai suoi propositi. L'unica pensata è che sia andata a raggiungere il vecchio Mannaggialicani a Cuba...e dove se non nell'isola del fu Che, a vedere l'ultimo disastrato paese castrista-socialista nel momento del suo trapasso? Mentre mi proietto una storia d'amore e di sesso sfrenato (?) nelle sabbie di Guardalavaca (un nome, un programma?) raggiungiamo Lele che insiste sull'esito negativo delle prime indagini avviate dalla polizia (a seguito della denuncia di scomparsa presentata ieri l'altro) a partire dall'eventuale presenza di Mara fra le persone decedute e trattenute negli ultimi dieci giorni alla *Morgue* (suona meglio di obitorio) o degenti negli ospedali. Mentre Lele è molto agitato, impreca e bofonchia qualche frase nei riguardi della sorella, Angelo cerca di fare il punto della situazione e distribuisce gli ulteriori compiti: lui si rivolgerà a

RaiTre per cercare di convincere Federica Sciarelli ad inserire Mara nella trasmissione *Chi l'ha visto?*, Lele sentirà le compagnie aeree per sapere se qualcuna ha avuto Mara Barbetti fra i passeggeri eccetera. A me viene affidato il compito di ispezionare la casa di Mara per trovare qualche indizio. Io protesto, dico che nell'amicizia non vige la proprietà transitiva, perché essere amici non significa essere intimo di Mara o penetrare le sue recondità (non le rotondità, figurarsi il resto); in fondo non la conosco nemmeno, avendola vista solo un paio di volte. Ma loro insistono sul dolore che gli procura vedere da vicino il mondo della sorella, solitario e schivo e confessano che il loro dialogo non è andato mai oltre i rituali saluti, neppure il lavoro e il loro comune interesse librario è servito ad unirli. Per carità, aggiungo, non mi raccontate delle vostre infanzie e rotture...di palle, le mie, perché non lo sopporterei. Vedo che mi volete incastrare e penetrare il mio tempo...insomma accetto, ponendo due condizioni: a)non voglio storie con la polizia e b)chiedo che l'indagine, almeno per me, duri poco. Appena ci lasciamo, mi accorgo che non mi hanno dato la chiave dell'appartamento di Mara. Glielo urlo, dandogli delle capre e per tutta risposta ricevo che le chiavi non le hanno mai avute, quindi devo arrangiarmi. Infuriato, li mando nel paese dei renziani. Ma vi rendete conto che dovrei trasformarmi in scassinatore, o come convinco il fabbro a farmi aprire la serratura? Lele chiude: passerà lui dal fabbro e magari, se mi trovassi a tiro, me lo potrebbe presentare. Chiudiamo con l'impegno che mi comunicherà l'appuntamento. Sono inviperito contro questi due scassapalle che mi hanno incastrato in questa storia sicuramente, immagino, piena di miserie umane. Uffa e che palle, mentre mi cuocio una braciola alla pizzaiola accompagnata da una foglietta di vino, e incazzature a gogò appena accendo la televisione, dove continua imperterrita la campagna urlata su questo cazzo di referendum costituzionale, che mi ha saturato pure l'ultimo pelo del culo. Non avevano altro da fare che rompere l'ultimo atto del patto antifascista per far piacere alla finanza e riempire la vuotaggine di questi governi.... Cambio spasmodicamente i canali e non smetto di deliziarmi con prostatici, donne pisciasotto, telefonini e attori che prendono, ragazzini spocchiosi che suscitano compassione a vederli...decido di dedicarmi alle fiction registrate. Ne scorro un paio divertentissime nell'assenza pubblicitaria e del parlarsi addosso. Infine decido di dormire, ché domani sicuramente Lele mi affiderà a uno scassaserrature. Cerco di arzigogolare qualcosa su Mara come Miranda, fra natura e storia, ma nulla di più che mi convinca della bontà del mio coinvolgimento. Non avevamo alcun legame, è una bibliotecaria lontana dai miei interessi che sono tutti all'interno del cinema e poi non posso considerarla una bellezza da schiattare...accidenti, come mi è venuta bene questa battuta un po' alla Cecco Angiolieri, delle brutte ce ne strafreghiamo. Meglio che dorma.

Lele e il fabbro

Alle 8 in punto sento picchiare insistentemente alla porta: per un attimo avvio la tiritera del "mi alzo o non mi alzo", ma poi mi rincalzo le mutande, ché non è bello andare ad aprire con lo scalmanato nudo e crudo. Lele è incazzato per la mia lentezza (*festina lente*, il mio motto) perché deve andare a lavorare e perciò non mi può accompagnare dal fabbro, che comunque si troverà per le nove davanti all'appartamento di Mara in Corso Rinascimento 11, terzo piano. Mi ringrazia e scappa via. Caspita, penso, Mara, abita a Corso Rinascimento, in pieno centro, in prossimità di Piazza Navona, San Luigi de' francesi, l'abolente Senato (ma poi non sarà vero)...Sant'Ivo alla Sapienza sede dell'archivio di stato, e poi il teatro Valle, Campo de Fiori, insomma stiamo nella guida della Roma di grido. Breve moto di invidia e accidenti ai "ricchi di famiglia" o meglio di ISEE. Per quello che può valere ai fini della storia, so' solo che la famiglia, proveniente da Casamassima di Bari, si è stabilita a Roma a Vigna Clara trent'anni or sono: non altro sui genitori o sui perché di questo trasloco.

Il palazzo è un prodotto del modernismo fascista: un enorme portone di legno, le finestre rettangolari con riquadratature di travertino e tapparelle; c'è un ascensore posticcio con apertura a chiave, così devo farmi i tre piani di scale a piedi. Arrivo su sfiatato, e davanti alla porta d'ingresso trovo Stefano, impegnato nella ricerca di una chiave che vada bene per la serratura da aprire. I primi tentativi falliscono nonostante smussature e limature varie, finché la serratura si sblocca e io posso entrare. Sbuffa, mi dà la chiave e se ne va. Mi si presenta un salotto con un tavolo di legno di ciliegio in prossimità della parete destra; di fronte un mobile con la parte superiore scaffalata contenente libri di cucina e d'arte, un vano con un televisore di una quarantina di pollici e una serie di fotografie di lei laureata, di persone un po' avanti con gli anni che penso siano i genitori, una foto di lei con Angelo e Lele ed altre riferibili a sue vacanze, con donne diverse, mentre scarseggiano quelle con gli uomini. Il mobile, anch'esso in ciliegio, è a tre ante occupate da piatti, bicchieri, posate, tovaglie; noto l'assenza di superalcolici, mentre ci sono due bottiglie di prosecco, un *Moët Chandon* e un *Mater Matuta*. Mi viene da pensare che Mara deve essere una salutista e subito vi associo immagini di tristezza. Sempre nel salotto c'è una grande porta finestra, che apre su un terrazzino punteggiato da magnifici gerani, ormai quasi secchi...quindi mi affretto a dargli acqua. Sempre a destra, vicino alla parete, c'è un divano in pelle conciata al vegetale, mentre il pavimento è coperto da un bel parquet di ulivo. La cucina è stretta, con un tavolino sotto la finestra, un frigorifero sormontato da un piccolo televisore, il lavello, pochi mobili e una macchinetta da caffè *Nespresso* decorata con un cuore e due labbra rosso vivo; il tavolo ha un piano di marmo bianco parzialmente occupato da una tovaglietta all'americana apparecchiata con piatto, forchetta e coltello, bicchiere, una bottiglia d'acqua e posacenere. La stanza da letto ha due finestre, un armadio a muro, e un comò con specchiera. Sopra il salotto c'è un soppalco posticcio anch'esso di legno, che riprende il colore prevalente dei mobili, al quale si accede tramite una scaletta di legno: è lo studio di Mara semplicemente composto da una scrivania, una sedia con rotelle e braccioli, un computer e stampante, una poltrona con relativo tavolino per lampada e telefono; ovunque nella stanzetta scaffali appesi pieni di libri e contenitori vari.

La prima cosa che noto, oltre all'ordine e la pulizia, è il fatto che tutti i mobili sono stati commissionati a misura e con un particolare gusto. Poiché nulla mi sembra affidato al caso, deduco che la cura della casa era una priorità e a seguire la lettura: libri non sono molti ma tutti pre-scelti [*Le serate del ciclone, L'imprevedibile piano della scrittrice senza nome, Caos Calmo, Le 50 sfumature di...*(manca quella di broccolo, *nda*), *la bicicletta di Rasputin,...*], opere letterarie per di più con qualche inserimento che non riesco a collocare tipo i *Grundisse d*i Karl Marx in tedesco, le *istituzioni di algebra astratta* di Lucio Lombardo Radice o *La lunga fumata del secolo breve*. Le opere sono ben raggruppate per materia (soggetto) e all'interno per autore. Noto in una campata diversi volumi, per così dire professionali, come i *Quaderni dal carcere*, il De Felice, lo Spriano, Mack Smith, il Totok, Pensato, Petrucci, *Il soggettario* di Casamassima, *La bibliografia degli scritti di Luigi Crocetti, Al collaudo, al collaudo,* Carbonara, Dezzi Bardeschi, *Il manuale di conservazione e restauro del libro,* eccetera. Quattro palchetti sono riservati ai CD, separati da un cartoncino che reca in alto il soggetto [melodramma, musica da camera, jazz/blues/free, modernariato (?)]: si *va da Così fan tutte, Barbiere di Siviglia, Rigoletto, Masnadieri, Siegfried, Tosca, Eroica, L'Orchestre du Roi Soleil, Te deum*...continuando Coleman, Don Cherry, Monk, B.B.King, Winwood, Captain Beefheart, Pink Floyd, Tom Waits, Dollar Brand/Ibrahim fino a Conte, De Andrè, De Gregori , Gaber, Gaetano, Guccini, Mina, Rondelli, Tenco,....Altri due palchetti sono riservati ai DVD che recano i classici, come *Per chi suona la campana, Casablanca, A qualcuno piace caldo, C'era una volta in America, Blues Brothers, Mucchio selvaggio, I soliti ignoti, Le roi danse, La marchesa von O*...fino alle moderne fiction come *Downton Abbey, Outlander , Breaking bad, Boris*. Infine una scatola di fotografie, un *home theatre*, una memoria esterna e un registratore sui ripiani appena di fronte al vano lavoro di Mara quale dimostrazione di oggetti d'uso frequente. Completano la stanza tre manifesti, uno con un macilento Che Guevara, il secondo riproduce lo *Sguardo profondo* di "Ca Balà", il terzo è una testa di Gramsci dove gli occhi sono i due cerchi degli occhiali, mentre i capelli alla Mascagni richiamano i fogli di un libro. A completamento dell'arredamento, oltre alle tende di cretonne, osservo tre riproduzioni (penso fedeli) rispettivamente di una *Mater Matuta* di Umberto Passeretti, *Malgrado tutto il futuro sarà nostro* di Vito Tongiani e *Il Bibliotecario* di Arciboldo che, come il piatto e la sua pietanza marcita sul tavolo, mi hanno da subito intrigato. Per quanto riguarda i quadri, osservo le disposizioni dei soggetti cercando di carpirne il significato, mentre mi astengo sull'aspetto formale e realizzativo sia perché riproduzioni sia perché mi trovo qui per svolgere un'indagine (*sic!*). Noto che in *Malgrado il futuro* ci sono una donna e un cittino che riposano sotto una foto di Antonio Gramsci.

Torno in cucina ad esaminare nel piatto un residuo di carne di pollo e verdure nauseabondi; mentre il poco vino rimasto nel bicchiere è ormai inacidito; accanto un frutto fetido e il residuo di una sigaretta fumata. Nel frigorifero tutto è tranquillo, nessun camminamento di muffe e già che ci sono mi servo di una spremuta d'arancia.

Cosa l'avrà condotta a sparire così di fretta? E poi per dove? Certo il richiamo a Morselli non mi aiuta, o meglio drammatizza questa mia ricerca: lì si parlava di un suicidante che si vede sparire-sublimare tutto il vivente; qui la situazione, almeno a vedere gusto e tenuta dell'ordine, lascerebbe ben sperare altri orizzonti. Non mi si richiedono doti né analisi speciali, e poi l' *habeas corpus*? Perciò prendo un sacchetto per la non differenziata e vi butto piatto e pietanza. Dunque torniamo alla casa, che trovo assai gradevole, tanto che penserei di chiedere ai due fratelli di potervi risiedere una volta stabilita la morte presunta della sublimata. Con questo pensiero comincio a guardarmi intorno esprimendo a voce alta i cambiamenti da operare e dove sistemare gli oggetti che prevedo di portarmi dietro. Sono posseduto da un risolino ironico per come potrebbe volgere a mio favore una situazione che avevo bollato fin da subito sgradevole. Però dobbiamo trovare presto moventi e indizi sulla scomparsa di Mara. Giro e rigiro per l'appartamento fino a che comincio a bracare fra le carte di lei e nel pc. Nulla sembra riferirsi o avere attinenza con la scomparsa: bollette, prospetto dei movimenti bancari, inviti a presentazioni di libri, lettera di un editore che le chiede di rivedere la bozza del suo lavoro...nel pc ci sono diversi file e poi link di società aeree, di navigazione, di banche...ma nulla che mi aiuti a capire. Strologo un po': accidenti, chi l'avrà chiamata da farla rispondere così repentinamente, neanche il tempo per terminare il pranzo! Chissà se il mio amico Cavallo, esperto del *Poltergeist,* riuscirebbe a cavarne moventi e scenari; nell'attualità sono veramente in crisi, la casa sembra non offrirmi indicazioni di una qualche utilità. Perché una persona lascia l'abitazione in ordine ma non termina il pasto? Altrimenti, perché non ha rassettato? E se si fosse trattato di una partenza improvvisa? Ma aspettiamo quello che Lele ricaverà dagli aeroporti; e poi siamo sicuri che si sia servita dell'aereo o sia andata all'estero? E se fosse andata in macchina, in pullman, in treno o magari si sia servita del servizio *Blablacar*? Mentre mi alambicco di domande, apro l'armadio, ma non ricavo poi molto, dovrei come minimo conoscerne la consistenza per rilevarne le mancanze; quindi mi sposto nel bagno che è poi il luogo degli indizi e delle informazioni. Sul lavandino non ci sono spazzolino né dentifricio, nel sottolavandino e mobiletti laterali non emerge il *phön* e sull'attaccapanni non c'è nessun accappatoio, né vestaglia. Che sia sul serio partita? Torno a smanettare il pc, vedo i link visitati, clicco e mi appaiono alberghi in Spagna, Danimarca, Grecia, Ancona e anche orari di autobus, trenitalia, aerei, traghetti per la Grecia da Bari, Brindisi, Barcellona...l'unica risultanza che ricavo è che si tratta di una grande viaggiatrice, anche se un pochino stanziale, nel senso che le rotte sono tutte all'interno dell'Europa. Ma allora che c'incastrano, quando pochi giorni or sono sarebbe dovuta partire per Boa Vista? Riprovo a chiamarla sul telefonino e non ricevo nessun segnale, sembra non solo spento ma addirittura scollegato. Torno a smanettare il pc e mi imbatto in un forum di discussione prevalentemente femminile dove si parla di maternità, di bambini e delle possibilità che offre oggi la tecnologia sanitaria in termini di attrezzature, dispositivi, procedure mediche e chirurgiche; insomma, per quello che riesco a capire, si apre una nuova frontiera (uccisi gli indiani) per promuovere la salute, prevenire, diagnosticare e curare le malattie...azzi, i suoi interessi nel sociale spaziano parecchio e così mi metto a leggere e scopro che in Italia c'è la *Carta di Trento* per la valutazione della tecnologia sanitaria, ossia la versione italiana della *Health Technology Assessment* attraverso l'evidenziazione: chi fa cosa, dove, quando, perché e come. Chiudo con la convinzione di aver ricevuto una nuova informazione su problemi che da lontani si stanno minacciosamente facendo vicini. Ma sto divagando, il compito assegnatomi è un altro, cercare di capire dove Mara si è cacciata, ora questo mi sembra il termine più appropriato. Sfoglio ancora una volta la posta e vedo che nell'estratto del suo conto corrente ci sono diversi prelievi, alcuni rimarchevoli, fatti a proprio nome; altri invece sono pagamenti per Alitalia, Ryanair, Iberia e Aegean; osservo le date e con calendario alla mano vedo che si tratta di quattro voli fatti nei week end. E brava la nostra Mara, mentre io mi danno qui a Roma fra pulizie e micro pensione, lei se ne va a zonzo, magari ha una seconda, terza vita piena di lussi ed eros. Bello, lei si scopre fica...mentre io sono un porco. E subito cerco di giustificarmi maledicendo il delinquente di Arcore che con le sue "cene eleganti e...*burlesques*" ha contaminato il mio immaginario.

Una donna che si diverte automaticamente ci diventa una escort (e qui ci starebbe bene il morettiano "ma come parli...″), cioè una puttana di alto bordo. Mi dò del coglione e immagino altri scenari, tipo che Mara stia partecipando a riunioni con "movimenti populisti" che vogliono rimuovere le catene della finanza con cui si sta uccidendo il sogno europeo e insieme mandare a casa i politici che supinamente hanno permesso la condanna di diversi paesi alla bancarotta...fraudolenta. Oppure che stia aiutando i nuovi poveri, se non ad accedere al desco degli arricchiti, almeno a sopravvivere; infine, al di là di tutto questo, che stia incontrando gente e divertimenti.

Indizi, ma non risposte alla sua scomparsa e al suo silenzio. Mentre assorto volgo lo sguardo al telefono, mi squilla il cellulare: è Angelo che mi chiede notizie e possibilmente un incontro per fare il punto della situazione. Concordiamo di trovarci dopo mezz'ora a Piazza di Sant'Eustachio.

Sono stato precipitoso? Con queste snervanti file di macchine e caos romano ce la farà a rispettare l'appuntamento?...dalla Sapienza a Corso Rinascimento col 492 e a piedi...mah!

Mentre rifletto in profondità su questi problemi capitali, mi trovo già fuori dalla porta con la sportina di plastica in mano e le chiavi. Raggiungo il secchione dove deposito la monnezza e mi incammino verso il caffè di arabica (o della Peppina? Il ritornello mi frulla nella testa «il caffè della Peppina/non si beve alla mattina/né col latte, né col thè/ma perché, perché, perché...»). Dirigo verso Palazzo Madama e, nell'angolo con Via degli Staderari, proprio accanto alla Fontana dei libri, vedo due persone anziane sedute davanti a un tavolino volante tappezzato di manifesti che invitano a firmare una petizione pro-Luca Mercalli, al quale la direzione di Rai3 ha chiuso la trasmissione sul clima e la salute della Terra ("Scala Mercalli non deve essere cancellata"). "Basta con la censura e le epurazioni, sì al pluralismo e al dialogo". Ancora: "È questa la democrazia?" e "Ricordatevene quando voterete al referendum". Firmo.

Inutile aggiungere che Angelo non è arrivato, mi siedo a un tavolino e apro il giornale. Subito, sparato a caratteri cubitali, il solito titolo sulle crisi prossime e venture nel caso vincesse il no al referendum costituzionale fino al suicidio del premier e della sua corte: ahinoi, ahivoi italioti, anime prave! Lo richiudo immediatamente e mi "sparo" due ragazze che dialogano sull'ultimo film di Sorrentino, quello sul papa. Con simpatia seguo i loro appunti alla regia e all'interprete straordinario, quel Jude Law che ho apprezzato assai ne *Il nemico è alle porte*, oltre ai ricorrenti raffronti con il morettiano *Habemus Papam*. Mi rammarico di non aver visto *The Young Pope* e quindi di non poter valutare gli apprezzamenti delle due tipe, però registro che ragionano e lo fanno pure con grazia e soprattutto non urlano. Ah, ecco Angelo, si siede e finalmente possiamo gustarci l'agognato caffè. Veramente ne ho già presi un paio a casa di Mara per concentrarmi sul mio ruolo di *private eyes*, ma qui il caffè è una crema, tutta schiuma e poco liquido e mentre col cucchiaino tento di portare via i residui dalle pareti e dal fondo della tazzina, Angelo mi sollecita a parlare.

«Senti, gli dico, sarebbe meglio che tu mi illustrassi dove siete arrivati, fra te e Lele».

«Ma da nessuna parte: la polizia non si è fatta viva devono passare almeno le72 ore canoniche; la Sciarelli manderà la notizia il prossimo mercoledì e Lele non ha trovato nessuna Barbetti che abbia volato negli ultimi 10 giorni».

«Io, oltre a trovare un piatto con cibo avariato, credo di avere indizi di un discreto movimento, con viaggi verso la Spagna e la Grecia svoltisi tutti nei week end. Però nessuno è avvenuto negli ultimi tempi, né mi è stato d'aiuto l'estratto conto che si ferma a giugno. Potremmo andare in banca a chiedere l'elenco degli ultimi prelevamenti per seguire gli sviluppi. Ad oggi non ci resta che attendere che ci arrivi qualche segnale. Altrimenti voi potreste partire per Madrid e io per Atene, cominciamo a girare e a chiedere...non avviene così nei film americani? Io già mi sento Marlowe e

Jason Bourne, non ho la pistola ma il pistolino (battutona, hihihi)».

«Quanto al cazzeggio, sei un maestro. Ma non ci resta che rassegnarci all'attesa».

«Senti, ma andare in banca? Almeno per avere conferma se e da dove sono stati fatti prelievi e se sta bene, visto che il suo telefono continua a restare muto».

«Va bene, provo ad andarci subito dopo il pranzo».

Ci salutiamo ed io ritorno a casa di Mara per vedere cosa posso addentare.

Finalmente una cucina come si deve, ordinata e con i mestoli appropriati.

Ripiego su uno spaghetto alla gricia con il residuo di guanciale che ho trovato in frigo, lo annaffio con il Mater Matuta di Latina (non di Passeretti) e termino con un caffè. Comode le cialde, ma devo dire che quello tradizionale descritto da Eduardo affascina di più. Al rito abbiamo sostituito l'ingordigia e insieme perso le capacità, l'arte nel farlo. Mi faccio un giro per i canali della TV e mi soffermo su una classica *Armata Brancaleone,* ma sul «dammiti, prendimi e dammiti cuccurucù...»

mi addormento sul divano. Sono svegliato dal solito telefonino...è Angelo, che mi conferma che Mara ha fatto dei prelievi ad Atene e semmai dovremmo partire tutti per questa città. Ma aspettiamo, anche se io ritengo che dovremmo informare la polizia per evitare che segnali il caso all'Interpol. Aspettiamo. Lui, seppur perplesso, concorda.

Prendo un libro e cerco di leggere, se non ci fosse un pensiero che mi perseguita: quello di andare dall'avvocato per risolvere la diatriba che ho con le assicurazioni con cui ho stipulato una polizza sulla vita tanto per non lasciare privi di un piccolo sostegno i miei figli che ad oggi risultano disoccupati. La polizza però con la pensione è risultata incompatibile, e quindi in maniera unilaterale ho interrotto i versamenti. Mi hanno sollecitato, quasi si trattasse di un debito da restituire. Ho chiesto la riconsegna del quantum versato, ma inutilmente, e allora? Ma ci vuole l'avvocato! Lapalissiano, altrimenti come farebbero a vivere i 10milioni di avvocati italiani?! Comunque non ho voglia di pensare e sdraiato leggo di *Ciclone,* così guadagno la sera. Rovisto nel freezer e trovo delle polpette al sugo, nel frigo c'è un vasetto di peperoni arrosto: li faccio miei, come pasto serale. Accompagno con il solito gotto abbondante di vino fino a finire la bottiglia per impedire che l'indomani abbia preso di forte. Vedo qualcosa alla TV che subito dopo dimentico, imbraccio il libro e mi beo della saga dei Petri.

Mi sveglio all'indomani mattina un po' acciaccato; decisamente sul divano si dorme male, o almeno io ci ho dormito di merda.

Di buon mattino esco e vado verso Sant'Eustachio, ma questa volta mi fermo al bar di fronte, i cui proprietari sono campani per una colazione coi fiocchi: caffè e paste sono tradizionali, e squisite è dire poco. Sfoglio il solito quotidiano e vedo le solite cavolate sul referendum e sull'Europa, sui populisti, sul pil e sulle uscite dal tunnel, ma in un'intervista leggo parole che mi sembrano assennate e che mi pregio di condividere. Ne riporto la lettera: l'attacco è sicuramente alla Costituzione per quella privazione della sovranità che appartiene al popolo, mentre in quella che si vorrebbe riformata l'elezione del senato è differita, nel senso che sono i consigli regionali che designano i 95 senatori fra gli stessi consiglieri e 20 sindaci...Però i comuni non sono 8000? e che dire dei cinque senatori nominati dal presidente della Repubblica che non sono più a vita, in quanto rimangono in carica per sette anni (tanti quanti il presidente della repubblica)? Che ci stanno a fare? figurarsi poi gli ex presidenti della repubblica!! Ma soprattutto penso alla rottura di quel patto post resistenziale fra le forze cattoliche, liberal-azioniste, socialiste e comuniste che diedero vita alla Carta e stabilirono che la si potesse modificare solo con una maggioranza assoluta (dei due terzi) dei parlamentari e non, come sta avvenendo, con la maggioranza semplice. Ora invece si propone la rottura di quel patto, quindi del paese; e questo significa anche che ad ogni cambio di maggioranza di governo si potrà cambiare la Costituzione.

Vedo che il giornale che sto sfogliando è "Il Fatto quotidiano", buono a sapersi. Finisco la mia porzione di calorie quotidiane e mi metto a contemplare la giovane cassiera, mi sorride e io pago. È più forte di me, di fronte a un bel sorriso mi sciolgo come neve al sole, anzi come montagna ad alluvione.

Non faccio in tempo a mettere piede sulla Piazza che squilla il telefonino: al solito è Angelo. «Ehi, guarda che Mara si è fatta viva con la Biblioteca con una lettera in cui chiede per urgenti motivi di famiglia un'aspettativa senza retribuzione o, se possibile, 20 giorni di ferie. Si scusa con l'amministrazione e i colleghi per il disagio creato a cui cercherà di "rimediare". Testuale, e roba da matti: dopo 15 giorni avanzare gravi motivi di famiglia, di quale? Noi saremo un po' strani, ma non abbisognosi di cure o assistenza. Però finalmente sappiamo che è viva, e speriamo pure contenta».

Finalmente le ricerche cessano e insieme andiamo alla polizia per dire di questa lettera e per ritirare la denuncia di presunta scomparsa.

Ci congediamo e torno verso casa, la mia. Debbo aggiungere che sono un po' contrariato, perché in fondo l'idea di un esproprio della *Mara's Home* mi avrebbe risolto più di un problema, *in primis* con il mio disordine psicologico prima che fisico, logistico ed economico: pagare 800 euro per l'affitto di casa mi è davvero pesante. Dovrò cercare altrove se non voglio cominciare ad approssimarmi alle mense della Caritas. Mentre mi sprigiono in simili pensieri alti, i figli mi riportano alla grandezza dei tempi: «pa' che fai stasera, che dici di andare a farci una mangiatina di baccalà al Ghetto?». Volentieri rivedo i figli, sempre criticoni per come conduco questo pezzo della mia vita, ma stasera ho ben altro da raccontare e per un po' mi riprendo la ribalta. Dopo le espressioni di rito sulla bontà del piatto prescelto e il racconto delle ultime vicende, ci mettiamo a ragionare sui perché di questa improvvisa scomparsa e successiva ricomparsa. Loro, più che associarla al disperato personaggio di Morselli o all'affascinante Miranda, optano per la viaggiatrice alla Claudio Magris, che travalica la frontiera andando dal noto verso l'ignoto e in fondo passa da un'iniziale diffidenza verso l'altro e la sua cultura ad una maturata comprensione e condivisione. Resto un po' interdetto nello scoprirmi alla mia veneranda età piuttosto apocalittico, mentre è più plausibile il loro punto di vista...Me lo appunto.

Ho deciso che impiegherò l'indomani a riordinare i miei pensieri sulla sorte del *Quaderno* e a svolgere alcune ordinarietà legate alle chiusure per le ferie agostane, *in primis* parlare con l'avvocato, quindi riordinare e pulire la casa. Debbo dire che, dopo aver visto e saggiato la casa di Mara, mi sento veramente l'ultimo degli zozzoni e c'è da riflettere sul come mai noi uomini all'ordinarietà uniamo la sciatteria più bieca. Avevo sempre sostenuto che il disordine è indice di intelligenza e che la polvere mi rendeva Sherlock Holmes...senza mettere in conto le incazzature quando non trovavo documenti, articoli o calzini. Giuro che d'ora in avanti non metterò più a coltura le pentole nell'acquaio e che disinfesterò almeno l'armadio della mia stanza per silenziarlo. Penso di pagare abbondantemente il mio tributo alla *natura naturanda* (che Spinoza mi perdoni) con zanzare, mosche, formiche e vespe.

Passa qualche altro giorno e mi decido a riportare a casa di Mara il libro della Petri su *Ciclone*: penso che, una volta letto, sia doveroso riportarglielo. Ho sempre stigmatizzato un atteggiamento diverso: i libri letti - specialmente se te li ho prestati io - vanno restituiti e non inguattati o prestati ad altri. Invece mi trovo ogni volta a questionare per riaverli indietro e non sempre ci riesco; con i figli mai.

Messo piede in casa e sorseggiato un caffè davanti a uno dei soliti *schifodibattiti* televisivi, avverto un richiamo verso il gabinetto. E sì lo schifo è in me, chiudo la porta per cercare di limitarne la diffusione nella graziosa magione e puntini, puntini...

Ma ecco che qualcuno apre con violenza la porta del bagno, mettendomi d'un colpo sulla scena; mi sento come John Travolta in *Pulp Fiction*, disarmato e ridicolo, urlo: «chiudi la porta! E che cavolo, è questo il modo di pervadere la mia intimità?». «Pervadere te, ma pensa a come sono pervasi corridoio e salotto! Diciamo che almeno la finestra la potevi aprire!».

Richiude la porta e subito mi dico: ma allora è Mara, ed è tornata!

Concludo e, resettato il tutto, esco dal bagno e vado verso il salotto. La porta finestra è spalancata e Mara, seduta sul terrazzino, sta osservando le chiome delle piante, degli ortaggi degli orticelli pensili o dei terrazzini più o meno condonati che si scorgono.

«Buongiorno carissima e bentornata».

Lei, senza distogliere lo sguardo dagli orticelli, dice: «che ci fai qui, nella mia casa, chi ti ha fatto entrare e perché e con quale libertà hai usufruito dei miei servizi?».

Io arrancando balbetto qualche parola: «ma...no...guarda hai capito male, io non ho fatto nulla di più di quello che vedi, scusami. Hai ragione nel sentirti violata e per di più da me che sono un estraneo, ma vedi dopo che eri scomparsa Angelo e Lele...» e le ripercorro per sommi capi le preoccupazioni e i nostri percorsi fino a giustificare la mia presenza in questa casa.

Lei contrariata com'è tace. Intanto si è girata verso di me e mi guarda con uno sguardo pieno di perplessità quasi a ribadire il "che cazzo c'entri tu!". Già a conti fatti è vero ma è allo stesso tempo vero che ormai sono una parte della vicenda e quindi...si mettesse l'animo in pace. E provo ad aggiungere la mia classica stoccata buonista: «però, certo tu potevi almeno rendere partecipi i tuoi fratelli sui viaggi, anche perché potevano controllarti la casa, annaffiare le piante ecc.».

E lei rom-anticamente: «a' more', un mazzo de cazzi tua te lo voi fa'?». Cambio discorso e le dico: «posso avvisare Angelo e Lele per dirgli che la figliola prodiga è ritornata? O che la viaggiatrice ha riportato la sua algida figura fra noi umani?». «Vabbè, ma poi va a pulire il bagno, ché ho bisogno di levarmi di dosso tutto il puzzo del viaggio e l'elisir del tuo *chanel*». Telefono ad Angelo quindi vado in bagno, mentre lei si prepara il caffè.

Riposiziono le mie terga sul divano e guardo la trasmissione "smerlinata" *L'aria che tira*…decisamente inquinata in questi paraggi.
Mara si sta facendo la doccia.

Arrivano i fratelli, ma nessuno degli altri familiari, come se la sorella fosse un fatto solo loro. E questo aggiunge un altro tassello alla catena degli affetti. Si abbracciano vicendevolmente e poi silenzio. Solo Angelo accenna a un «come va? Come mai non ci hai detto niente di questa improvvisa partenza lasciandoci in ambasce?».

Vedo Lele teso, che lancia sguardi fulminanti verso la ritrovata sorella e vorrebbe unirsi ai rimbrotti del fratello. Muove nervosamente le mani boccheggiando fino a emettere un «sei una bella stronza». Lei serafica racconta del suo viaggio di ritorno, della notte passata ad Ancona e del treno preso la mattina presto per chiudere con un «finalmente a casa...solo che ci trovo il qui presente cacasotto. Un bel ritorno, non c'è che dire». Silenzio di tutti, nessuno vuole andare oltre, perché il litigio può prendere il sopravvento e riportare in superficie tutto il cattivo che serbiamo in corpo, quando lei, improvvisamente raggiante, aggiunge: «Vi comunico che finalmente è andato in porto il mio fortissimo desiderio di avere un figlio. Ebbene sì, sono incinta... Vedo che siete posseduti dalla sorpresa e dagli interrogativi e anche un po' terrorizzati, non è vero? Orsù, miei germani cari, che vi sta succedendo, la vostra amata sorella ha squarciato la tela delle vostre certezze? O avete delle riserve in merito?». «Mah», risponde Lele, «si possono avere maggiori ragguagli? la notizia certo è sorprendente, in quanto non ero a conoscenza delle tue ultime vicissitudini amorose; poi la scomparsa repentina senza nemmeno un avviso, che so' mi andate ad annaffiare i fiori sul terrazzo, mi guardate la casa, insomma parto ma torno presto, non vi fate assalire dall'ansia. Insomma qualcosa del genere me lo sarei aspettato».

«Sentite, non voglio recriminare o riaprire vecchie ferite in merito all'affratellamento o quantomeno alla vostra vicinanza quando io ho dovuto interrompere il rapporto con Joe N'Krumah: lo amavo, ma voi, come tanti altri italioti, lo spregiavate perché era nero e di lavoro faceva l'*entraîneur* in un night club che voi volentieri confondevate con l'*entraîneuse*, indicandolo come "puttana nera". Ma dovete sapere che l'ho lasciato perché non voleva figli, mentre io li desideravo. Mi ero scocciata dei nostri rapporti sessuali a base di pillola e preservativo perché, malfidato com'era, aveva paura che lo volessi fregare. Lasciarlo mi ha provocato dolori lancinanti, anche fisici; non solo perdita dell'appetito e attacchi di gastrite, ma il venir meno della stessa voglia di vivere in questo lercio paese; il lavoro e la fiducia nella biblioteca come istituzione mi hanno aiutato a procedere, in qualche modo a venirne fuori. In questo mi sono sentita un po' benedettina per quella parte della regola che riconosce nel lavoro lo strumento di edificazione. Dire che in quei frangenti non vi ho visto, significa accusarvi di mancanze fraterne o umane? Aggiungo solo che anche Joe è come voi, uomini del cazzo, che non pensate ad altro che al vostro arboreo "edonismo reganiano"».

E Angelo: «calmati; va bene, hai ragioni da vendere e conosci come siamo presi dalle incombenze familiari e soprattutto dalle mogli, a cui non sei mai piaciuta per la tua arroganza intellettuale e poi per Joe, che non faceva altro che magnificare le sue *performances* e gli attributi sessuali. Io ho cercato di spiegare più volte che non era né meglio né peggio degli italiani, bastava che vedessero i governanti, o sentissero le registrazioni dei berluscones. Ma insomma, ci vuoi dire chi è il padre e del perché del viaggio?».

«Potrei rispondervi che ho dovuto appunto raggiungere il mio uomo per andare con lui alle isole di Capo Verde e comunicargli la lieta novella, eccetera. Ma non è così. Mi hanno contattata telefonicamente perché dovevo effettuare la fecondazione eterologa o meglio l'embriodonazione, in quanto quella degli ovociti per tre volte è andata male, e per questo sono andata in Grecia. Il viaggio della speranza, che doveva essere l'ultimo in ordine di tempo biologico, è iniziato con il trasferimento in pullman fino ad Ancona; da li mi sono imbarcata per Patrasso e infine in pullman ho raggiunto Atene, dove sono rimasta durante questi 16 giorni, prima per l'intervento e poi in attesa delle analisi finali. E finalmente ho appreso di essere incinta. Ho passato due giorni in ospedale e i restanti a zonzo per Atene, fra arte e culinaria: una vacanza che il referto ha resa splendida ed unica».

(Lele): « tu sei folle! Ma come, non sai che la pratica è proibita, sei fuori dalla legge, dalla religione dei nostri padri...».

«Ma non dei nostri figli...Manuele, devo dire che sei il solito ipocrita testa di cazzo e chiuderla qui? Me ne sbatto delle tue reprimende, se vuoi la porta è quella. Possibile che tu non sappia ripetere altro che minacce oscurantiste, degne di un vandeano o, se preferisci, di un clerico-fascista?».

(Angelo): «Ma ti rendi conto, al di la delle fregnacce di Lele, che ti sei imbarcata in un impresa sicuramente densa di novità per te e spero per tutti noi, ma piena di rischi e di sacrifici? Pensa solo ai costi, ai servizi sociali deficitari, alle malattie, al lavoro....insomma dovrai affrontarli tutti da sola e imprimere una forte svolta alla tua vita».

«Già fatto, figurati se non ci ho pensato e se non lo faccio tuttora. Potrei dirti che sul lato economico per il momento non mi preoccupo più di tanto. È vero che ho speso finora più di ventimila euro fra viaggi e ricoveri a Madrid e le analisi d'uopo (per la riserva ovarica, l'ecografia transvaginale, le ricerche batteriologiche, i pap test...accidenti, nemmeno me li ricordo tutti!), ma ho chiesto un prestito alla banca da restituire ratealmente. Insomma, non trovate che sia una bellissima cosa? Tra nove mesi sarete zii e io una raggiante puerpera. Non mi sembra vero, due giorni fa ero sull'orlo di un precipizio, ora sono sul costone di una montagna assolata, imbracata e in procinto di arrampicarmi. La mia vita è stata di nuovo catapultata nella fiaba eterna delle cose, del sole, della natura, della cordialità quotidiana, tipo l'amato avvinghiato nelle lenzuola e sprofondato nei cuscini che dorme nella penombra della stanza». (Lele): «ispirata, ma sempre testona. Però è questo il filo che mi lega a te».

«Misura le parole fondamentalista dei miei calzini, il mio è atto d'amore... e di vita». (Angelo): « che devo dirti, buona fortuna e cerca di attrezzarti di medico e seguire dieta e stile di vita appropriati. Ora vado, dovrò pur recare la buona (?) novella al resto della famiglia!».

«Va bene, ma dillo solo a tua moglie, non voglio che diventi di dominio pubblico e in più chiedo riservatezza sulle modalità. Quando avrò il mio bel panzone, dirò che è il risultato di una notte d'amore e di frenetico sesso...con Michael Fassbender ».

Anche Lele ci lascia (un finalmente! ci sta bene, come pure quest'aforisma di Fausto Melotti, che ho letto su un giornale: «*Tutti siamo nati da un orgasmo, per questo siamo un poco nervosi*»).

«Accidenti», aggiungo io continuando il discorso, «e poi dicono che non collaboriamo con la ministra della sanità a rendere più prolifico questo paese che, secondo gli ultimi dati, sta affogando non solo sul versante economico, ormai una verità incontrovertibile, ma anche su quello della crescita demografica, dove registriamo un calo di quindicimila nati fra il 2014 e il 2015 con conseguente rottura dell'equilibrio fra nascite e morti e la prevalenza di queste ultime. Insomma il paese sta morendo. Certo l'inserimento degli immigrati potrebbe rendere meno drammatica la situazione, ma con questa xenofobia in giro credo che nessuno si sognerà di affrontare i problemi della cittadinanza, dell'integrazione e dei diritti civili e sociali per i nuovi proletari».

«Lasciamo perdere le buffonate di questi culidipietra, che invitano a riprodursi e nello stesso tempo proibiscono a chi veramente vorrebbe figli di averne, sia impedendo il pieno sviluppo della Procreazione Medicalmente Assistita (PMA) o il regime delle adozioni, sia impegnandosi per migliorare le condizioni sociali ed economiche dei giovani, iniziando dalla disoccupazione che colpisce un giovane su due, per proseguire con l'altro dato del 68% dei maschi e del 56,9% delle femmine che vivono con i genitori. Dati che dovrebbero solo invitare al silenzio e al lavoro i governanti invece di cercare la ribalta e qualche gazzetta osannante. Se penso solo al calvario che ho dovuto subire, mi vengono ancora i brividi».

«Già, te lo volevo chiedere, sempre che tu lo consenta perché, nonostante il mio coinvolgimento nella tua sparizione, sono sempre un estraneo, anche dopo essere entrato e aver ciacciato nella casa e nelle tue cose». «Oltre a affanculare i miei fratelli, non posso che comprendere le loro preoccupazioni e quindi giustificare il tuo bracare. Spero solo che tu lo abbia fatto seguendo un ordine e che poi lo abbia mantenuto».

«In generale direi di sì anche perché ho cercato elementi solo sul tuo computer. Per di più limitati, in quanto non sono riuscito ad entrare nelle tue mail ma solo nei link da te consultati, ho letto qualche file e aperto l'armadio e qualche cassetto per individuare eventuali assenze che mi potessero fornire indizi sulla tua fuga. Ma ti chiedo, perché lasciare a metà il pranzo o non pulire i piatti e il tavolo della cucina?».

«Hai ragione ma ero talmente eccitata dalla telefonata della Clinica da cui Antigone, responsabile del reparto, mi comunicava che avevano trovato la donatrice compatibile, che sono scappata, prendendo solo alcuni ricambi di biancheria e mezzi per l'igiene intima. Sono corsa alla stazione Tiburtina per prendere il primo autobus utile per Ancona. Figurati se perdevo l'occasione per un pezzaccio di carne o un pranzo...che vadano al diavolo!». «Ti volevo dire che ho bevuto della tua aranciata e consumato qualche cialda di caffè e che la tua casa mi è veramente piaciuta, tanto che avevo pensato di trasferirmici...».

«Lascia stare, che questa casa è di una leonessa in grado ancora di mozzicare e recidere cordoni».

«Allora l'ho scampata bella? Ma come realmente è andata potresti dirmelo?».

«La storia ha degli antefatti, oltre a quello della mia rottura con Joe. Mi riferisco alla diatriba, più che al dibattito, sul tema della fecondazione eterologa a seguito delle sentenze della Corte

Costituzionale e della Cassazione nel 2014, che avevano sancito il diritto di avere figli ad una coppia sterile anche ricorrendo a donatori, facendo così cadere uno dei capisaldi della legge italiana del 2004, cioè l'esclusione di terzi. Il divieto però è rimasto per i single, vedove, vecchiette e coppie omosessuali, per tacere delle adozioni o dell'"utero in affitto". Si sono tirate in ballo scene apocalittiche di disastri delle famiglie, di bambini vilipesi se non stuprati (a questo ci pensano svariati preti e famiglie normali), fino all'eugenetica nazista; si sono levati crociati all'insegna di "Diolovuole", salvo poi fregarsene dei bambini o della loro salute quando è in gioco il proprio tornaconto: ricordo le guerre e Aylan di Kobane, il Mediterraneo e, solo per il divo Angelino, il bambino della Shalabayeva. Forse perché memori delle pratiche che esercitano sugli animali, dalla castrazione alla vivisezione fino alla clonazione. Vorrei quasi dire una situazione da tipico stato etico, quello teorizzato da Hegel (se non teocratico), che continua a insinuarsi fra le nostre lenzuola, per forgiare vite a sua immagine e somiglianza tagliandone i virgulti di libertà o del dubbio. Così, mentre in Italia attendiamo che avvenga il miracolo o magari ci sia l'azione dei santissimi giudici, ormai con funzione pure legislativa, mi sono rivolta alla Spagna e successivamente alla Grecia che hanno legislazioni più liberali, visto che già due tentativi non erano andati a buon fine. Ne ho fatti di giri prima di pervenire all'odierna gioia. Oggi sono finalmente incinta e ogni giorno mi meraviglio dei cambiamenti che scopro nel mio corpo. Mi sento finalmente donna anche se ho dovuto ricorrere alla tecnologia, quando ho scoperto di avere un utero biologicamente non rispondente a causa dell'endometriosi, vale a dire la dislocazione del tessuto endometriale al di fuori della cavità uterina. Sfortunatamente è una malattia comune, che interessa un 10% della popolazione femminile, naturalmente in età riproduttiva. Non starò a riportarti i trattamenti ai quali devono soggiacere i gameti, un termine che ho appreso durante i "lavori" (perché prima non andavo oltre gli ovociti e gli spermatozoi ...quest'ultimi nel mio paese poi li chiamavano *i microbi*) per attivare il processo riproduttivo, basti solo aggiungere che sono più o meno invasivi a seconda delle condizioni e richieste delle persone. E vanno condotti in centri specializzati, quindi bisogna essere inseriti in una lista di attesa fino a che non si trova la donatrice giudicata dai medici "compatibile" con la donna che ne ha fatto richiesta. Da qui la *chiama...*telefonica. *Così fu fatta la Vergine pregna*; oggi sono incinta e ci aggiungerei un avverbiuccio, fi-nal-men-te».

«Da quello che sento, il percorso non deve essere stato piacevole e, capisco, irto di shock».

«Sicuramente lo sono stati i percorsi iniziali, a seguito delle risposte negative con le conseguenti delusioni e i soliti inviti a farla finita. Ma poi mi dicevo che dovevo combattere e non darla vinta a questi ipocriti uomini che dietro di me ridevano: "la femminista, la cogliona che pensa di sfidare la natura; datti pace e torna a fare la donna....". Su ognuna di queste etichette, atteggiamenti ci sarebbe da rispondere, ma poi mi dico "chi se ne impippa e schiattate uomini di merda"».

«Senti, penso che sia meglio che io riguadagni la strada di casa prima che il tuo dire mi ricada addosso; è meglio ch'io sloggi».

«Pensavo che forse potevamo pranzare insieme visto che, da quello che ho potuto verificare, ti sei mosso bene nella mia cucina, quindi...datte da fa'».

Cerco di non deluderla, apro il frigo e trovo delle melanzane aggrinzite, amare, vecchie proprio come me, le taglio a cubetti e le metto a soffriggere. In un'altra pirofila soffriggo l'aglio che poi tolgo e vi aggiungo la passata di pomodoro. Faccio cuocere la pasta, la metto nella pirofila col sugo, unisco le melanzane e faccio saltare per qualche minuto; aggiungo del pecorino che era nel freezer, impiatto e mangiamo. Lei apre un prosecco, tra l'altro caldo, ma non dico parola. Come spero non la diciate voi sul mio piatto pseudo Norma!

Il pranzo scorre veloce, nonostante i nostri silenzi ben riempiti dalle voci del telegiornale. Chissà cosa ci aspettiamo che accada in più rispetto a quello che ci affligge. Provo a profferire qualche parola su Hillary Clinton, che accusa gli 007 russi per aver trafugato le sue e-mail...nulla, insisto con l'affaire Raggi-Muraro e sulla monnezza a Roma anche qui il silenzio accompagnato da un sorrisetto ironico. Mollo e aggiungo che ho apprezzato la sua discoteca e libreria nel senso che ho letto il libro della Petri e mi è piaciuto: mi ha fatto conoscere la vita di un attore che avevo visto nei *Peplum* e sentito qualche volta cantare e un ambiente che in qualche modo mi ha ricordato quello del quaderno che lei mi aveva fatto leggere.

«Sì, ora che mi ci fai pensare, quella campagna umbra può essere un mantra comune, e anch'io sono stata presa dalle vicissitudini di questa famiglia, anche perché il libro è ben scritto. Pensa che dopo averlo letto, mi sono fatta scaricare i film interpretati da Mario e il vederli mi ha generato tenerezza, decisamente meglio il Mario cantante. Sono contenta che il mio piccolo mondo e la mia casa ti siano piaciuti, ma ora se non ti dispiace vorrei sdraiarmi sul letto e riposarmi, che tra notte e viaggio mi sento distrutta e poi sono pure incinta e devo riguardarmi».

«Bene, spero di rivederti presto, magari in biblioteca».

Mi lascio chiudere dietro il portone quando mi accorgo di avere la chiave nella tasca dei pantaloni. Torno subito su e busso alla porta. Mi apre e sbadigliando mi dice: «che c'è?».

«Niente, solo che mi è rimasta la chiave di casa».

«Bene, lasciala e procedi per la tua strada».

Manca ancora qualche giorno prima che la biblioteca chiuda per le ferie, ma ufficialmente per la spolveratura e il controllo dei libri nei magazzini...che loro chiamano "revisione". Sono trascorsi almeno tre giorni dal ritorno, chissà se Mara ha ripreso servizio, o meglio quale conclusione ha avuto la sua repentina assenza. Entro bypassando il secondino e volo verso l'ufficio di Mara. La trovo intensamente impelagata, deve risolvere il problema di un prestito di libri per i 60 anni dei Trattati di Roma (forse sarebbe stato meglio, viste le attuali derive, che non si fossero firmati, ma questo non lo dico a Mara per tema delle sue possibili reazioni).

Attendo fuori un cenno di assenso alla mia introduzione. Ah, ecco, finalmente ha finito e mi chiama.

«Ciao, tutto bene? ».

«Direi di sì, ho risolto con l'amministrazione la mia assenza come periodo feriale e mi sta bene. Non voglio aprire nessun contenzioso nella mia situazione di fuorilegge del piffero, inteso anche nel senso reale, di cazzo. Ma va bene così, piuttosto qual buon caldo ti porta qui?».

«L'hai detto, il caldo che non mi fa vivere la casa. Qui almeno avete l'aria condizionata e le pale. Ma in verità sono venuto per vedere se tutto procedeva come da copione, e vedo bene, anzi benissimo». «Ma come parli?! capisco l'euforia, ma non c'è nulla di cui entusiasmarsi: la guerra continua, Renzi è al governo (anche se, più che governo, sembra si lasci governare dalle banche o dagli Angelino e Verdini), i dannati della terra continuano a morire in mare e abbiamo la miracolata Virginia che ci allieta con le sue goffaggini...».

(Debbo dire che inizio ad innervosirmi, lei continua a freddarmi e il goffo questa volta sono io, ho voglia di andarmene e di gridare: "mamma, mamma dove sei").

«Bene mi sono accertato che sei di nuovo al lavoro e che la biblioteca sarà da te aperta e controllata, posso andare».

«Quanta fretta, ti sei offeso per il mio pilotto? Via, che andiamo a prendere un caffè alla Fontana delle tartarughe».

Si alza, avvisa la segreteria, riempie un modulo che poi mi dirà per i brevi permessi che dovranno essere obbligatoriamente recuperati. Usciamo e nell'androne incontriamo Piero, impiegato nonché ricercatore alla Discoteca di stato (oggi Istituto per i beni sonori ed audiovisivi); lei mi presenta e lo invita ad accompagnarci. Il percorso è breve, e si mettono a confabulare sulle direzioni, sull'ennesima riforma ed io li seguo con una faccia interrogativa, quasi a dire: e 'sti cazzi? Possibile che l'andare a prendere il caffè sia solo assumere una bevanda invece di una piacevole conversazione? Provo a intromettermi, chiedendo della fontana e del tempo. Non mi cagano. Rassegnato, aspetto il mio caffè. Piero mi chiede qualcosa dei miei trascorsi, del mio lavoro; qualche monosillabo di risposta e poi gli chiedo da quanto tempo conosce Mara. Lei subito «ci conosciamo da almeno dieci anni e ci siamo subito presi politicamente e professionalmente. Lui è uno studioso della Resistenza e custodisce le voci storiche, compresi i discorsi del duce». Devo dire che questo risveglia il mio interesse e gli chiedo se altre cose di Mascellone si trovano nel museo. Lui lo esclude, rimandandomi a Palazzo Venezia o al Collegio Romano, sede del ben noto Ministero dei mali (*pardon*, beni) culturali. Poi mi chiede se ho qualche richiesta specifica, e io rispondo che mi piacerebbe fare un collage di tutti i criminali con i loro epigoni attuali. E lui di rincalzo «ci vorrebbe un retablo grande come l'Albergo dei poveri di Napoli».

Usciamo chiacchierando di ferie, a questo punto solo quelle di Piero, e rientriamo nelle sedi.

Rientriamo: «certo che Piero mi sembra bravo», e lei subito aggiunge «è decisamente bravo».

«Sì proprio quello che volevo dire. Vedo che hai da lavorare, io penserei di andare via».

«Ma non mi hai ancora detto il motivo che ti ha spinto qui».

«Nulla più che uno scambio di chiacchiere per mettere la sordina a quelle relative al caldo, alle zanzare mutanti, per cercare di risarcire l'attualità del dio è morto; sicuramente quello di Francesco Guccini lo è, ma pure quello di Nietzsche continua ad esserlo? *C'est à dire*, le regole morali, di comportamento continuano ad essere appannaggio degli uomini? Qualche anno fa mi sembrava scontata una piena affermazione in tal senso, pur con qualche dubbio in rapporto con il mondo naturale, convinto com'ero che le regole morali, di comportamento fossero appannaggio degli uomini. È da qualche giorno che rifletto sulla tua scelta e la situazione che hai creato, che coinvolge senz'altro te ma anche noi, epigoni di quel maschilismo idiota che, non conoscendo né comprendendo la maternità, questa potenza del femminile, mira a distruggerla. Volevo sentire i tuoi fratelli, in particolare Angelo, per avere aggiornamenti sul tuo essere "donna pregna" e single. Ma poi ho pensato che non erano questioni mie e che era meglio parlare con te per chiarità e, se posso osare, il tuo stato rende ai miei occhi il tuo corpo inquieto, violento, insomma ti vedo assai più carina rispetto a quando ti ho conosciuta. È proprio vero che la bellezza è cangiante, all'inizio determinata dalla bella presenza (approccio fisiologico), poi dalle situazioni o dai moti d'animo».

«Ne sono lusingata ed è sempre bello a sentirsi. Mi sfuggono i motivi di questi tardivi apprezzamenti: io mi sono sempre sentita bella, una figa come dite voi, e se qualcuno ha provato a profferire parola su presunte irregolarità fisiologiche, lo fulminavo con: "tu hai problemi alla vista, oltre che al cranio; piuttosto guarda te allo specchio". Io, ma direi noi donne, siamo belle per definizione...un'affermazione un po' forte ma, salvo le verifiche del caso, le donne sono come le mamme del mondo: BELLE. E quando diventerò mamma, sarò bella al quadrato. Ehi, ma non è che mi vuoi corteggiare... magari per la casa? Scordatelo, è qualche tempo che ho imparato ad apprezzare e godere delle gioie dell'essere single in termini di autonomia, cibo, amicizie, lavoro, salute e...sesso, seppure in maniera parca. Insomma tutt'altra cosa rispetto ai ritmi di vita con quello stronzo di Joe».

«Alt! metti fine al tuo Joel, il tuo dio, io sottolineavo solo un cambiamento, una veste piacevole per me, null'altro. Poi, vuoi che alla mia età mi rimetta a correre la cavallina? Grazie, ho già dato, e poi non fumo. Insomma quello che mi coinvolge è la tua solarità e la tua determinazione antica di riproporre domande, vecchie come il cucco, sul cosa sia giusto e cosa invece non. E mi intriga la tua vicenda, come risposta alla violenza dei poteri senza confini che ci attanaglia, non parlo naturalmente della violenza fisica, soggettata come femminicidio, quanto di quell'altra, se vogliamo più sottile, fatta di soprusi, ostracismo relazionale, il che non significa che non rechi offesa alla donna, alla sua umanità allorché le vengano impedite o ridotte le capacità (possibilità) di argomentare e operare delle scelte. Io personalmente continuo a ribadire il valore del libero arbitrio, della libertà individuale massima fino a che non interferisca con quella degli altri. Sul piano dell'affermazione generale tutti si dicono d'accordo, salvo contraddirsi allorché si parla di mare con il burkini o, per tornare a noi, delle scelte ricomprese nel generale termine di *dannose*, mentre come minimo andrebbero individuate di volta in volta e non per sempre. La clonazione, la commercializzazione degli organi espiantati, l'eugenetica fino alle mutazioni che potranno generare l'esplorazione o il soggiorno dell'uomo nello spazio...io li bollo come dannosi, ma sono tutt'altra cosa dagli attuali impedimenti alla felicità (dalla maternità, alle adozioni...allo *jus soli*) e non fanno che generare fratture alla libertà soggettiva, lesioni e sofferenze psicologiche».

«Mi piacerebbe narrare di una vita conforme alla tua visuale e non quella contata dalle vulgate correnti, scritta o urlata, che è indelebilmente maschilista, senza differenze fra destra e sinistra, che continua a relegare la donna in cucina, alla cura dei figli con qualche concessione sui diritti politici, vedi le quote rosa o panda, che dir si voglia. Di donne che hanno retto, sopportato e sofferto le angherie degli uomini ne è piena la storia: penso alle donne dei Mannaggialicani, ma anche a quelle dei *leaders* comunisti, le cui voci o punti di vista continuano ad essere pressoché assenti. Le donne hanno appreso a leggere e pure a scrivere e sono presenti – troppo poche, ancora - nel mondo della produzione, eppure continua a

216

mancare una reale autonomia, o meglio una moderna riedizione della *Rivendicazione dei diritti delle donne* della Mary Wollstonecraft, che rimetta in riga il concetto di autogoverno nella sfera emozionale nell'attuale panorama socio-politico e culturale, con l'obiettivo di modificare (o almeno arricchire) i legami e i modi di relazionarsi della donna con il partner, la famiglia e la società. Bene, quasi quasi mi verrebbe a pennello tirare fuori qualche domandina alla Kant sul libero arbitrio e sulla nostra responsabilità nell'azione che compiamo...».

«Per carità, allora vuoi la mia morte! Ci mancano pure Kant e le sue antinomie alle critiche. Ma ora ti prego, che a proposito di libero arbitrio e determinismo della *natura naturanda*, dovrei andare al gabinetto. Ti saluterei con un "a presto"».

«Magari a cena in un locale all'aperto e, se a casa, con gli ingredienti opportuni».

Ma inutile dire che l'invito non ha avuto seguito e io non sono andato in biblioteca avendo dedicato il mio tempo alle malattie e alle fisime referendarie. Sono entrato in un gruppo di fautori del no a questa pagliacciata renzi-verdiniana, che fra l'altro mi ha procurato più di una lite con i guerrieri Immacolati della etruriana Boschi. Più seriamente, ho ripreso a pensare a quel piccolo diario non di storia ma di storie vissute e raccontate di gente normale che, forse per la distanza o il pecoreccio quotidiano, sento essere positive. Sto quindi tornando alla biblioteca in una sorta di pellegrinaggio indistinto, fra *rave* e *rêverie*: percorro Via delle Botteghe Oscure e mi fermo al fu Bottegone e, proprio in prossimità della Crypta Balbi, mi imbatto in un banchetto con due giovani criniricciuti che si affannano a convincere due fanciulle a firmare una petizione: curioso come sono, li ascolto. Dopo l'assegnazione del premio Nobel per la letteratura a Bob Dylan diversi scrittori hanno formulato un appello-protesta affinché gli accademici svedesi rivedano i criteri di assegnazione del premio, che dovrebbe fare riferimento a opere compiute, non a canzonette. I due giovani in verità parlano di populismo estetico (in un certo modo un' intolleranza verso la complessità), si dilungano poi sul rifiuto del cantante di andare a ritirare il premio "per precedenti impegni" ecc. Intervengo: dico che quest'ultima affermazione non c'entra nulla con la petizione, tanti altri autori non hanno accettato il Nobel o non sono andati a ritirarlo. Sono un po' perplesso perché mi sembra una battaglia retrò, ma è sicuramente utile per richiamare l'attenzione sulla crisi del settore, della cultura umanistica, sulle scarse possibilità per i giovani autori, eccetera e per rilanciare la letteratura di qualità. Firmo.

Dopodiché prendo per Via Caetani, mi soffermo davanti alla targa di Aldo Moro, poi entro a Palazzo Mattei e vado in Biblioteca: sbrigo le procedure d'ingresso e mi sorprendo emozionato nel rivedere Mara con un bel pancino ma, a paragone con il mio...finora è più grosso. Conveniamo che siamo due "bucaroli", nel senso che manchiamo alle promesse di rivederci, risentirci ecc. Mi racconta delle sue vicissitudini di aspirante mamma e dei corsi di preparazione al bambino e al parto che sta affrontando. Mi dice che non ha voluto conoscere in anticipo il sesso del nascituro perché vuole fidarsi dei segni antichi: la forma della pancia, i lineamenti del volto, il pendolino...(«ma che c'entra il pentolino?», dico ridendo). Elegantemente ha portato il discorso verso argomenti più prosaici, tipo di aver ricevuto da Cuba una cartolina di saluto del nostro memorialista [«*Muy buenos dias a todos .Sono giorni convulsi, ma non di pensiero, sto cercando di ricongiungere sensazioni smarrite o perdute, se qualcuno di voi le trovasse in un mucchio di detriti le potrà riconoscere: c'è il sole (e la cucina) di Roma e il freddo di San Vito Romano, chiamatemi, verrò a prenderle dovunque siano finite*»], o la sua intenzione di donare una copia del diario a Pieve Santo Stefano, mentre io aggiungo che lo potremmo pubblicare se trovassimo uno stampatore. Per quanto la riguarda, lei è impegnata a scolpire: un Pantheon fatto di Michelangelo, Donatello, Canova...*acc.* ma come potevo dimenticarmi il suo Tongiani! Non è adorabile? La lascio con il suo martello e scalpello...e se lo facesse col bronzo e a cera persa?

Mi rendo conto del cazzeggio nel quale sono caduto e la saluto non prima di averle estorto l'indirizzo del barbudo cubano *post litteram*.

Pelago, novembre 2016

POSTFAZIONE
(di seguito una lettera di Mara ai fratelli e a me che contribuisce a chiarire - per giustificare? - il proprio punto di vista).

Sorellanza

To those I love

Senz'altro avrei dovuto affrontare diversamente con voi. Il tema della mia scelta in merito alla maternità e alla vostra partecipazione. E dal momento che almeno la prima fase ha avuto una conclusione felice, sento il bisogno di aggiungere qualche considerazione. Lo faccio per iscritto, perché posso essere più articolata e tranquilla rispetto al viva voce, o meglio alle tre voci anzi quattro dato che avete inserito pure il prode *Ettore.*

Come sapete il mio rapporto con Joe è giunto al capolinea nel momento in cui non ha condiviso con me la possibilità di avere un figlio. Non gli chiedevo di sposarmi, bensì solo la possibilità di avere con lui qualcosa di più duraturo da condividere, da crescere ed educare. In aggiunta in questo io vedevo il completamento del mio percorso da donna a madre. Credo che le ragioni a monte del suo diniego risiedessero nel nostro rapporto, che non era vissuto come stabile: il suo comportamento a letto era sempre pieno di sospensioni o di altre prestazioni. Eppure, se solo si fosse attardato ancora un po', avrebbe saputo della mia patologia e della impossibilità del concepimento; invece ha preferito fuggire, magari con qualche altra ragazza. Da allora ho cominciato a dirmi che non potevo continuare a chiedere e a sentirmi scacciata, umiliata e offesa, con reazioni di rabbia e pianto. Ho parlato di questa mia condizione con qualche amica ma, al di là dei consigli di rito sull'avere pazienza o cambiare partner, nulla di nuovo o di qualche interesse, fino a che un giorno, disperata, per tacitarmi ho fatto ricorso all'alcol e al fumo. Dovevo essere completamente fatta, pochissimi ricordi, solo di una telefonata a Joe in cui gli dicevo che ero sbronza e che fuoriusciva l'acqua dal bidet. Non so dopo quanto lui sia giunto a casa, solo ricordo che era buio. Vennero in due a raccogliere "le umane spoglie" che giacevano sul pavimento intrise di vomitaticcio e lacrime. Si sforzarono di ridare un senso alla casa, riassettando il letto divelto su cui mi buttarono di peso senza neppure togliermi la vestaglia imbrattata, e ripulendo bagno e pavimento allagati. Lasciarono i miei lamenti senza risposta e andarono via io impiegai qualche giorno a riprendere la strada della "normalità". E ciò è avvenuto senza la presenza del "mio" Joe, che però non ha fatto mancare le sue telefonate imperniate sul "come stai o come te la passi". Male, grazie. Ma l'idea, a quel punto la bramosia, di diventare mamma è stata una presenza costante e fu allora che decisi di porre un aut aut a Joe, il quale volentieri convenne sull'interruzione del "legaccio". Da allora al lavoro ho unito la missione creatrice: la madre. Mi sono fatta ispezionare in lungo e in largo fino a che sono stata segnata con la non possibilità di restare incinta.

Una bella tranvata, che d'un tratto mi faceva sentire Medea mentre cancellava mesi di pensieri, proponimenti e forse mi faceva rimpiangere la perdita di Joe, il pusillanime. Ero disperata, non sapevo a che santo votarmi per uscire da quello stato di regressione che mi aveva portato al lassismo e a comportamenti infantili come voglia di essere accudita, coccolata, e a sbalzi di umore dei quali un po' tutti, colleghi e amici, hanno potuto beneficiare. Insomma mancava solo che mi riavvicinassi a nostra madre. Mi sentivo tradita nelle aspirazioni e nel fisico, venivo privata di una delle cosiddette crisi, precisamente l'intermedia, tra l'adolescenza e la menopausa, cioè la gravidanza; venivo privata del futuro. Insomma non sono stata bene e per uscire da questa situazione ho cominciato a frequentare il web, ad informarmi e a girare per cliniche fino a che, stanca, ho deciso di smettere ed andarmene in vacanza. Tutto qui, fino a che non ho ricevuto la telefonata da Atene. Nell'attualità il progetto è in corso e cerco di afferrarne tutti i risvolti dal punto di vista psicologico, somatico, sociale. In questo ambito le modificazioni avvenute nella famiglia sono lampanti: quella patriarcale, occidentale, è stata ormai soppiantata da quella consumistica dove il ruolo del padre, nel senso di guida e disciplina per entrare in società, viene sempre meno, mentre resta vivido quello della donna, se non altro perché indissolubilmente legato alla natura (non si sa fino a quando...). Ricordate come la Bibbia considera il termine padre? Viene attribuito solo all'umano, mentre "madre" riguarda pure il mondo animale. Ehi calma, non sto rivoluzionando un bel niente, voglio solo affermare che oggi tutto è tornato in movimento. È finito il marxismo, la religione si è secolarizzata e con essi direi se ne sono andati anche i valori. Il consumismo che consuma in continuazione se stesso non ne ha e la funzione paterna, così come l'abbiamo conosciuta, è un nonsenso, ma non inutile: oggi si sente parlare di società di fratelli (per me meglio di sorelle), a valenza orizzontale, dove viene meno o è offuscata la funzione di mediazione sociale che era propria del padre ma, se solo vediamo la mediocrità che ci circonda, subito risalterebbe la funzione dei valori che abbiamo perso. Devo aggiungere che la prova che mi attende non è semplice, dovrò assumere per intero i due ruoli, naturalmente pronta a lasciarne uno qualora trovassi un compagno disponibile a prendersi cura della creatura in tutti i suoi bisogni fisici, affettivi, culturali e disciplinari, insomma a darle determinazione e forza. A presto.

INDICE